imaginist

想象另一种可能

理
想
国
imaginist

Friedrich Nietzsche

［德］**尼采** 著　　**周思成** 译注

Vom Nutzen und Nachtheil der Historie für das Leben

新译详注本

历史对于人生的利弊

上海三联书店

图书在版编目（CIP）数据

历史对于人生的利弊：新译详注本 /（德）尼采著；
周思成译注 .-- 上海：上海三联书店，2025.2.
ISBN 978-7-5426-8806-4

Ⅰ. B516.47

中国国家版本馆 CIP 数据核字第 2024XR5502 号

历史对于人生的利弊：新译详注本

[德] 尼采 著　　周思成 译注

责任编辑：苗苏以
特约编辑：孔胜楠
封面设计：道辙 at Compus Studio
内文制作：陈基胜
责任校对：王凌霄
责任印制：姚　军

出版发行 / 上海三联书店
　　　　（200041）中国上海市静安区威海路755号30楼
邮　　箱 / sdxsanlian@sina.com
联系电话 / 编辑部：021-22895517
　　　　　　发行部：021-22895559
印　　刷 / 山东韵杰文化科技有限公司

版　　次 / 2025 年 2 月第 1 版
印　　次 / 2025 年 2 月第 1 次印刷
开　　本 / 1230mm×880mm　1/32
字　　数 / 187千字
印　　张 / 7.375
书　　号 / ISBN 978-7-5426-8806-4/B・944
定　　价 / 65.00元

如发现印装质量问题，影响阅读，请与印刷厂联系：0533-8510898

目 录

译者导读

终结历史的历史哲学？

在《不能承受的生命之轻》开篇，米兰·昆德拉（Milan Kundera）做了一个有些惊悚甚至有些残忍的假设：在近代的常识世界中，特定时空中发生的一切皆是独一无二，严格地说，一切历史事件仅发生一次——如果中世纪时在非洲某个偏僻之地发生了一场大战，尽管"在这期间有三十万黑人在难以描绘的凄惨中死去"，尽管这场战争残酷无比，但由于它是独特的，并且转瞬即逝，所以也就轻易被人原谅和遗忘了，甚至很难为它寻出什么意义、重要性，就像《庄子》所谓"蛮触之争"。昆德拉用了简单的一句话来描述它——morte d'avance，即还未消逝便已死亡。但是，若是有朝一日，"十四世纪这两个非洲部落之间的战争永恒轮回，无数次地重复，那么战争本身是否会有所改变？"

作家回答道：

会的，因为它将成为一个突出的硬疣，永远存在，此举之愚蠢将不可饶恕。

若法国大革命永远地重演，法国的史书就不会那么以罗伯斯庇尔为荣了。正因为史书上谈及的是一桩不会重现的往事，血腥的岁月于是化成了文字、理论和研讨，变得比一片鸿毛还轻，不再让人惧怕。一个在历史上只出现一次的罗伯斯庇尔和一位反复轮回、不断来砍法国人头颅的罗伯斯庇尔之间，有着无限的差别。[1]

同一者的"永恒轮回"（die ewige Wiederkunft），是尼采晚期哲学中备受争议的一个命题。按照昆德拉的解释，在永恒轮回的世界中，人的"一举一动都承受着不能承受的责任重负"，而建立在轮回不存在前提上的世界，则触目皆是廉价的宽恕、无耻的冷漠、对残暴的浪漫化……一句话，是一个道德深深沉沦的世界，因为"在这个世界上，一切都预先被谅解了，一切也就被卑鄙地许可了"。历史上的暴力、残酷和罪恶，是否仅仅因为发生一次就真的"被卑鄙地许可了"，姑且不论；习惯于线性看待时间的现代人，首先会将"永恒轮回"当成一种反历史的循环论——它似乎以一种最彻底的循环论消解掉了历史学的意义。

倘若一切都将以我们经历过的方式反复地、精确地重现，

---

[1] 米兰·昆德拉，《不能承受的生命之轻》，许钧译，上海译文出版社，2022，第3—4页。

无限轮回，无始无终，从认知层面说，这大概会产生两个后果。

第一，相对于自然科学的学科自治性，历史学常常被认为其研究对象是个殊的、一次性的，自然科学则会提出普遍、抽象的规律。[2] 德国哲学家文德尔班（Wilhelm Windelband）就曾这样说道：

> 人类的一切兴趣和判断，一切评价，全都与个别的、一次性的东西相联系。……认为同样的我曾经一度同现在一模一样地生活过，痛苦过，奋斗过，竞争过，喜爱过，憎恨过，思想过，意欲过，而当宇宙大年周而复始、时会重逢之际，我还必须照本宣科，在同样的舞台上重演同样的角色，这是多么可怕的思想！个人生命固然如此，整个历史进程也完全一样：它之所以有价值，仅仅在于它是一次性的。[3]

所以，历史学家屈威廉（G. M. Trevelyan）就主张，历史学的任务就是不去管因果、规律，关键是去叙述"永远不会重新出现的事"，[4] 这也正是昆德拉说的，一个历史上只出现一

---

[2] 卡尔·波普尔，《历史决定论的贫困》，杜汝楫、邱仁宗译，上海人民出版社，2015，第184—189页。

[3] 文德尔班，《历史与自然科学》，出自：何兆武主编，《历史理论与史学理论：近现代西方史学著作选》，商务印书馆，2021，第411—412页。

[4] 屈威廉，《历史女神克利奥》，出自：何兆武主编，《历史理论与史学理论：近现代西方史学著作选》，2021，第653页。

次的罗伯斯庇尔，他的出身、成长、思想和政治倾向，雅各宾派专政的形成，革命的恐怖……至于是否能从这类人或这段历史中抽象出革命和专政的一般规律，大概就不是这种历史学的首要任务了。一个太阳底下无新事的、永远重复自身的世界，必然不再需要只涉及特殊性、一次性事件的历史学。

第二，与前一种后果截然相反，观察永恒轮回世界的"历史学"，最终将获得它梦寐以求的自然科学般的地位，至少堪与天文学颉颃。在无限轮回的"实验室"中，人类终将把握曾经出现过的一切事件模式的全部细节和整体规律，这就好比人已经猜出命运的骰子仅有六面，每次掷出骰子时的力度、风阻、摩擦等也被计算得一清二楚。然而，如此一来，历史学最终仍然会变得多余。因为，人类成了无所不知的神，"如果我们知道所有的真理，我们就不需要历史了"。[5]

不过，比起历史学的意义或无意义，"永恒轮回"学说更关键的是它的伦理层面。[6] 这其实是尼采对每一个个体的灵魂拷问：

> 假如在某个白天或者某个黑夜，有个恶魔潜入你最孤独的寂寞中，并且对你说："这种生活，如你目前正在

[5] 阿兰·梅吉尔，《历史知识与历史谬误：当代史学实践导论》，黄红霞、赵晗译，北京大学出版社，2019，第 321 页。

[6] 吉尔·德勒兹，《尼采与哲学》，周颖、刘玉宇译，上海文艺出版社，2023，第 127—133 页。

经历、往日曾经度过的生活，就是你将来还不得不无数次重复的生活；其中决不会出现任何新鲜亮色，而每一种痛苦、每一种欢乐、每一个念头和叹息，以及你生命中所有无以言传的大大小小的事体，都必将在你身上重现，而且一切都以相同的顺序排列着……存在的永恒沙漏将不断地反复转动，而你与它相比，只不过是一粒微不足道的灰尘罢了！"——那会怎么样呢？[7]

根据一个人对这一质问的回答，就可以判断这个人的生命力究竟属颓废沉沦，还是积极向上：据说前者听到恶魔这句话，只会如遭重击，"气得咬牙切齿，狠狠地诅咒这个如此胡说八道的恶魔"；而后者却会欣喜地脱口而出："你真是一个神，我从未听过如此神圣的道理！"这正是尼采的回答——即便如此，也不必悲观、沮丧和颓废，永远要"肯定生命本身，哪怕是处于最疏异和最艰难的难题中的生命"；永恒轮回就是这样一个难题，但也正是对生命的"最高的肯定公式"。[8]对于人如何看待和度过人生，这一难题的意义何在？答案或许不止一个：身处永恒轮回之中，人首先应该肯定、也只能去肯定自我生命的必然性，不单单是顺从并且要拥抱我们那唯一可能的、短暂的但又无可回避的人生，这就是热爱命运（amor fati）——"你

---

[7]　尼采，《快乐的科学》，孙周兴译，商务印书馆，2022，第291—292页。

[8]　尼采，《瞧，这个人——人如何成其所是》，孙周兴译，商务印书馆，2016，第79、110页。

应当如此生活，以至于你必然渴望再活一次"[9]；或者，人应该对此生经历的一切，包括失意和痛苦，皆不怀悔恨，因为：即使"我"的人生重来一次，最可能发生的是，那些曾经的缺憾依然会是"我"的第1、第2……第 n 次人生所必不可少的一部分，所以，人应该正视自己整个的生命；又或者，人在当下必须用永恒轮回的假设来反思和评价过去：我们经历过的一切，做过的一切决定，是否愿意再重复一遍乃至无数遍？这种思考使得我们的所有行为都承载了非凡的责任和意义。[10]德国哲学家洛维特（Karl Löwith）解释说，永恒轮回于是成了一个伦理上的律令："要这样生活，就像'生存之沙漏'会永远倒转那样，以便赋予你的每一个行动以一种不可避免的责任的重量。"[11]

尼采在宣称自己是"永恒轮回的教师"时，大概未曾想过像昆德拉这样将它阐发成一种历史—道德哲学。但是，若是真有一套尼采式的"历史哲学"的话，只发生一次、永不回头、承载特殊意义或奔向某个终点的历史，或是永恒超越、不甘顺从与沉沦的生命，这二者之间的关系一定是这种历史哲学的一个核心议题。尼采究竟是以超人和永恒轮回这类激进的思

---

[9]　阿瑟·丹托，《作为哲学家的尼采》，郝苑译，浙江大学出版社，2021，第 196 页。

[10]　伯纳德·雷金斯特，《肯定生命：尼采论克服虚无主义》，汪希达等译，华东师范大学出版社，2020，第 253—284 页。

[11]　卡尔·洛维特，《尼采》，刘心舟译，中国华侨出版社，2018，第 526 页。

想"想象了历史本身的最终解体",[12] 抑或他其实是从生命的角度对历史学提出了更高的要求？尼采对历史哲学的集中思考，首先要追溯到他的一部早期著作《历史对于人生的利弊》，这也是他除了《悲剧的诞生》《查拉图斯特拉如是说》和《论道德的谱系》以外知名度最高的作品。

一个古典语文学者的非典型思考

英国哲学家、历史学家柯林武德（Robin George Colling-wood）认为，胜任对历史学本身进行理论反思的人，需具备两种资格：首先，此人必须是历史学家，也就是专业的历史研究者，受过历史通识教育的不算；其次，他还得是一名哲学家，"尤其是他的哲学思想必须包括特别注意历史思想的各种问题在内"。[13] 衡之以这两个条件，尼采似乎是进行历史理论反思和写作的理想人选。

今日，尼采主要以哲学家的头衔举世闻名，但他早年是以古典语文学（die Klassische Philologie）为业，25 岁即受聘为瑞士巴塞尔大学古典语文学教授，写过一系列关于古罗马历

[12]　海登·怀特，《元史学：19 世纪欧洲的历史想象》，陈新译，译林出版社，2013，第 507 页。

[13]　柯林武德，《历史的观念》（增补版），何兆武、张文杰、陈新译，北京大学出版社，2010，第 8—10 页。

史和希腊文学史的学术论文。[14]在同事雅各布·布克哈特(Jacob
Burckhardt)的怂恿下，他还考虑过接手巴塞尔大学的"世界
历史"教席。[15]现代历史科学发源于19世纪的德国，当时的
历史学和语文学在理念、方法和实践上都有着密切关系，在
制度上亦然。据说，1850—1990年间，在德国大学拥有历史
学教席的141人当中，就有87人以语文学为第二专业，其中
有72人专攻古典语文学。[16]不仅如此，尼采作为哲学家的代
表作品，从《悲剧的诞生》到《论道德的谱系》，在很大程度
上皆与历史相关，他还将自己晚期的谱系学研究称作"道德
历史学"(Historie der Moral)。[17]所以,美国思想史家海登·怀
特(Hayden White)坚信,尼采的"大多数哲学著作都是以对
历史学问题的思考为基础的,大多数在方法上甚至可以被认
为是属于历史的"。[18]

　　作为兼具哲人头脑和史家实践的人物，尼采对历史学的
思考是十分独特的。在他那个时代，"历史哲学"并不是什么

[14]　海特、詹森,《尼采作为古代文史学者》,纪盛、于璐译,华东师范大学
　　　 出版社,2019,第13—54页。

[15]　Barbara Neymeyr, *Kommentar zu Nietzsches Unzeitgemässen
　　　 Betrachtungen: I. David Strauss der Bekenner und der Schriftsteller. II.
　　　 Vom Nutzen und Nachtheil der Historie für das Leben*, De Gruyter, 2020,
　　　 p.535.

[16]　格奥尔格·G.伊格尔斯,《二十世纪的历史学:从科学的客观性到后现
　　　 代的挑战》,何兆武译,商务印书馆,2020,第56页。

[17]　尼采,《论道德的谱系》,赵千帆译,商务印书馆,2018,第10、54页。

[18]　海登·怀特,《元史学:19世纪欧洲的历史想象》,2013,第451页。

新鲜事物。众多神学家和哲学家早就着手证明，人类的历史不是一堆杂乱而无意义的"断烂朝报"，不是"由愚蠢、幼稚的虚荣、甚至还往往是由幼稚的罪恶和毁灭欲所交织成的"，不是"纯属一场滑稽剧"。[19] 如此一来，就要按照各个时代通行的信仰赋予历史一种意义、规划、目的或规律，比如说"神意""理性的进步"或"绝对精神"。在尼采之前，这种"专心于猜测作为一个整体的历史过程背后的意义或要害或合理性的"形而上学路数，[20] 现在通常被划归"思辨的历史哲学"一派；在尼采之后，西方主流的历史哲学视意义、目的和规律为虚妄的追求，转而探讨历史知识的性质问题，包括历史命题的真实性、客观性和解释，等等，也就是现在常说的"分析的历史哲学"。[21] 美国哲学学者詹森（Anthony K. Jensen）在2013 年出版过一本专著，题为《尼采的历史哲学》。在对尼采一生著述中或明或暗体现的历史观进行洋洋洒洒的分析之后，他得出了一个（分析哲学式的）结论——尼采的基本立场是"反实在论的表现"（anti-realist representation），也就是说，他在本体论层面主张实在论（相信存在独立于历史认识的真实过去），但在历史表现层面又持反实在论的立场（相信历史学并

---

[19] 康德，《历史理性批判文集》，何兆武译，商务印书馆，1990，第 2、149 页。

[20] 沃尔什，《历史哲学导论》，何兆武、张文杰译，广西师范大学出版社，2001，第 155 页。

[21] 何兆武，《从思辨的到分析的历史哲学》，《世界历史》，1986 年第 1 期。

不能真正还原过去，只能使过去富于意义）。[22] 这个略显古怪的标签，彰显出一个尴尬的事实，那就是在近代历史哲学的两大壁垒之间，尼采无疑相当另类：他显然不属于思辨派，更不属于分析派，他的历史哲学既不像思辨的历史哲学那样把历史当作形而上学的注脚，又不像后来的分析的历史哲学（包括一般史学理论）那样注重认识论或方法论。

这种独特之处，与尼采提出根本问题的方式有关。

法国史学大师布洛赫（Marc Bloch）的《历史学家的技艺》以一个著名的设问开头，天真的小儿子向身为历史学家的老爹提了一个有些尖锐的问题："告诉我，爸爸，历史有什么用？"（Papa, explique-moi donc à quoi sert l'histoire?）[23] 这里的"历史有什么用"，首先是指"历史学作为一种知识存在的理由"。[24] 换言之，历史学作为一门知识或者一门自诩的科学，怎样才能在学术同行、公众和国家面前，证实自身在现代社会和科学神殿中的智性价值和合法性。这是一个康德式的问题，职业历史学家和一般民众都最在乎这个，布洛赫接下来也是从这一方向来作答的。[25]

---

[22] Anthony K. Jensen, *Nietzsche's Philosophy of History*, Cambridge University Press, 2013, pp.141-148.

[23] 马克·布洛赫，《历史学家的技艺》，张和声、程郁译，上海社会科学院出版社，2019，第 1 页。原文见：Marc Bloch, *Apologie pour l'histoire ou Métier d'historien*, Armand Colin, 1997, p.37.

[24] 马克·布洛赫，《历史学家的技艺》，2019，第 4 页。

[25] 包括历史学研究对象的特殊性比如时间性，历史学在证据方面的严谨性，

尼采的书早于布洛赫半个世纪，对同一主题的思考却比后者深刻得多。究其原因，正如法国哲学家福柯（Michel Foucault）所说，"从尼采以来，真理的问题已经改变了"，尼采之前的哲学家更多追问"什么是通向真理的最确定道路"，而尼采之后，问题变成了这种"求真理的意志"本身如何起源、如何作用、如何结果。[26] 这种问题的转换，反映在历史学上，就表现为不再盲目追问"如何获得最确凿、客观、科学的历史认识"，而是重新审视这种追求底下的冲动是什么，它怎样影响了人类社会和人的生活。正如《历史对于人生的利弊》这个标题揭示的，尼采关心的，不是历史学对我们的认知有何意义，而是历史学这种认知对我们的人生有何意义；不是问历史学作为科学如何可能，而是问在即使科学化了的历史学之下，人类生活如何可能，比如，生活需要历史么？历史会损害生命么？如何才能让它更好地为生活服务？等等。[27] 这才是尼采式的问题。他不打算揭示另一种宏大叙事，或探讨历史学家工作坊中的秘传技艺，又或是向普罗大众讲述一个精彩故事，而是要揭示历史学在某个更深刻、更高的维度上，与当下、与每个个人切身相关。化用他在《悲剧的诞生》

历史理解、历史阐释的合理性，等等。

[26] 福柯，《权力的眼睛：福柯访谈录》，严锋译，上海人民出版社，2021，第 172 页。

[27] Volker Gerhardt, *Pathos und Distanz: Studien zur Philosophie Friedrich Nietzsches*, Phillip Reclam, 1988, p.157.

前言中说的"用艺术家的透镜看科学，而用生命的透镜看艺术"，[28] 尼采正是在"用生命的透镜看历史"。尼采研究名家考夫曼（Walter Kaufmann）指出，对于尼采来说，"唯有那些如此紧迫，以至于威胁到思想家当下生活方式的那些问题，才值得加以哲学思考"，才是真问题。[29] 正是这一独特的提问方式，使得《历史对于人生的利弊》有着超越时代和国界的魅力。

1874：黯淡的学术新星

《历史对于人生的利弊》出版于 1874 年，是尼采继《悲剧的诞生》之后计划撰写的系列短篇《不合时宜的考察》的第二篇。就在此书出版的两三年前，弗里德里希·尼采还是德国古典语文学界一颗冉冉上升的学术新星。他出生于瑙姆堡的一个牧师家庭，毕业于名门普佛尔塔（Pforta）中学，接着在波恩大学和莱比锡大学师从著名的语文学家奥托·杨（Otto Jahn）和李奇尔（Friedrich Ritschl）。1869 年，年仅 25 岁的尼采尚未从莱比锡大学正式毕业，就已收到瑞士巴塞尔大学语文学副教授职位的邀请，而莱比锡大学未经考试就授予他博士学位，好让他在当年 4 月顺利就职，第二年，他就晋升

---

[28]　尼采，《尼采著作全集》第 1 卷，孙周兴等译，商务印书馆，2023，第 9—10 页。

[29]　Walter A. Kaufmann, *Nietzsche: Philosopher, Psychologist, Antichrist*, Princeton University Press, 2013, p.89.

为正教授。尼采是巴塞尔大学有史以来任命的最年轻的教授，才华横溢，前途无量。导师李奇尔也对他青眼有加，寄予厚望，私底下称誉他为"人们仰慕的对象，也是整个莱比锡语文学界的领袖（尽管并非他有意如此）"。[30]

可到了 1873 年，这颗语文学界新星的光芒就有些黯淡了。一切皆因尼采在上一年出版了他的第一部著作《悲剧从音乐精神中的诞生》（通称《悲剧的诞生》）。此书考察了希腊悲剧的历史—审美起源，就主题（古希腊文化和艺术）而言，恰恰落在了古典语文学的专业领域内。但是，尼采书中鲜明的叔本华哲学倾向，他在希腊艺术中发现的所谓"日神精神"和"酒神精神"，还有他将此书献给当时的德国音乐家瓦格纳，并将德国音乐和文化的复兴寄托在后者的"未来音乐"上，都让古典语文学界的前辈和同侪失望透顶。他们对《悲剧的诞生》报以令人难堪的沉默和冷眼，在很长一段时间内，专业哲学家或语文学家（包括尼采的导师李奇尔）对此书皆未置一词，报刊上也未见任何反响。最终，只有一位没有教席的晚辈维拉莫维茨—莫伦多夫（Ulrich von Wilamowitz-Moellendorff，后来成了著名的古典学家、柏林大学校长）公开写了一部小册子《未来语文学！》（标题戏仿"未来音乐"），将尼采的新著斥为一部失败的语文学作品，断言"尼采先生决不能把自己说成一

---

[30] 苏·普里多，《我是炸药！尼采的一生》，刘翔译，南京大学出版社，2023，第 50—51 页；海特、詹森，《尼采作为古代文史学者》，2019，第 1 页。

位学术性的研究者"。另一位语文学同行、波恩大学的乌瑟纳尔（Hermann Usener）在听到学生提及《悲剧的诞生》时回答："一派胡言，毫无意义，任何人写出这样的东西，在学术上就等于死亡了。"听到这些指责，尼采表面上不屑一顾，实则颇为伤心，也有些怨气："当代的语文学家已然证明，他们不配将我和我的书引为同道。……如今自命为'语文学'的大可忽视我的书。我这书具有男子气质，在阉人眼中自无价值。"[31]据说，新学年开始后，尼采发现只有两名学生选修他的语文学课程，而且都是外专业学生。[32]

尼采倒并未气馁，接下来的一年，他徜徉于阿尔卑斯山脚下疗养胜地的湖光山色，同时埋头构思了另一组立意更为宏大的著述——《不合时宜的考察》。这一系列短篇围绕广泛的文化批判展开，尼采最初设想了 13 个主题（一说 24 个）："1. 有教养的庸人。2. 历史。3. 哲学。4. 学者。5. 艺术。6. 教师。7. 宗教。8. 国家、战争、民族。9. 出版。10. 自然科学。11. 民众社会。12. 交通。13. 语言。"最终只写成了四篇：《大卫·施特劳斯——自白者与作家》《历史对于人生的利弊》《作为教育者的叔本华》《理查德·瓦格纳在拜罗伊特》。这四篇

---

[31] Anthony K. Jensen, *Nietzsche's Philosophy of History*, 2013, pp.75-80. 关于尼采的志业转向，还可参见：沈卫荣，《作为古典语文学家的尼采和作为职业的科学》，《外国文学评论》，2022 年第 4 期。

[32] 这个数字不宜过分夸张，因为在 19 世纪 70 年代巴塞尔大学的注册学生也不过百来人，和当代大学本不可同日而语。

作品依次论及神学家、史学家、哲学家和艺术家，[33] 并且实际针对的皆是德国炙手可热的畅销作家、文化名人，且不说施特劳斯（David Strauss）、叔本华和瓦格纳，《历史对于人生的利弊》中大加挞伐的黑格尔派哲学家哈特曼（Eduard von Hartmann），只比尼采大 2 岁，已经凭借《无意识哲学》一书大获成功（此人名气今天已磨灭无存）。相形之下，尼采本人已届而立之年，"所拥有的仅仅是一些鲜为人知的作品和一个逐渐褪去的语文学奇才的光环"。[34] 青年尼采的抱负，以及他对名誉和公众认同的热望，由此可见一斑。

《历史对于人生的利弊》是尼采在数月之间几乎一气呵成的。文章动笔于 1873 年 10 月，完成于 1874 年 1 月。1873 年 12 月底，出版社已经动手付排，尼采在 1874 年 2 月初就审完了最终校样。在此期间，尼采因为饱受眼疾之苦，难以坚持长时间阅读和写作，不得不求助于他的好友，普佛尔塔中学的同窗格斯多夫（Carl von Gersdorff）和莱比锡大学的同门埃尔温·罗德（Erwin Rohde），他们协助尼采抄写手稿和审读校样。1874 年 2 月下旬，尼采已经开始在友人圈子里分享新书出版的消息并寄送第一批样书，瓦格纳收到样书的时间是当月 22 日。

---

[33] 刘小枫，《尼采的微言大义》，华夏出版社，2022，第 114 页。

[34] 苏·普里多，《我是炸药！尼采的一生》，2023，第 133 页。"语文学"，原译文作"语言学"。

又一篇"不合时宜"之作

尼采对新书问世的欣喜，并没有持续太久。

新书的出版商弗里契（Ernst Wilhelm Fritzsch）此前为尼采出版了《悲剧的诞生》和《不合时宜的考察》第一篇，按照他与尼采的协定，该系列的第二篇《历史对于人生的利弊》和第一篇一样，也首印1000册。但是，第二篇的销量尤其糟糕。1874年11月3日，尼采写信给妹妹伊丽莎白（Elisabeth Förster-Nietzsche）诉苦，《不合时宜的考察》前两篇的"销售业绩"，"目前依然惨淡：……第二本才卖了200册"。他又向罗德感叹："这书前景堪忧！"当年秋天，尼采将此书转交另一出版商施迈茨纳（Ernst Schmeitzner）销售，此时1000册的《历史对于人生的利弊》还积压了778册。[35] 马克思的《资本论》第1卷德文版，在1867年出版时也是首印1000册。不过，在遭遇"资产阶级的沉默扼杀"下，厚达49印张的《资本论》在两年内仍售出了600余册，到1872、1883年已两次售罄并加印到6000册。[36] 这个比较多少能说明点问题。

同销量一样不妙的，是外界对新书的反响，尤其是他的

---

[35]　Barbara Neymeyr, *Kommentar zu Nietzsches Unzeitgemässen Betrachtungen: I. David Strauss der Bekenner und der Schriftsteller. II. Vom Nutzen und Nachtheil der Historie für das Leben*, 2020, pp.255-257.

[36]　A.B. 乌罗耶娃，《不朽的著作》，李光林译，山东人民出版社，1992，第5页。

友人圈子。尼采写信给罗德，猜想两人共同的导师李奇尔对此会作何反应："一想到他读到我的《历史》一书会多么大惑不解，我就开心。而困惑使他不至于发飙，这就谢天谢地了。"[37]比起语文学家，尼采更看重历史学同行的意见——布克哈特在出版后第一周就收到了样书，并给尼采回了一封虚与委蛇的书信，说自己"对此原本没有说话权利，因为这部作品需要仔细地和慢慢地品赏"。[38]可这让尼采大为振奋，他告诉罗德："我的同事布克哈特读到我的《历史》颇受触动，并发表了一些卓越和独到的见解。"[39]但是，瓦格纳对《历史对于人生的利弊》的评价是：此书"缺乏可塑性，因为他（尼采）从不引用历史事例，而且书中有很多重复，缺乏真正的计划。我不知道我能把它推荐给谁去阅读，因为没有人能跟得上它"。音乐大师对新书的另一典型反应，是劝尼采"赶紧娶个有钱的太太，然后你就可以去旅行，去充实自己……"[40]

瓦格纳说的"没有人能跟得上它"，倒是颇能说明《历史对于人生的利弊》出版后的接受情况。用尼采自己的表述，它是一个"不合时宜的考察"。何谓不合时宜（unzeitgemäß）？

---

[37] Barbara Neymeyr, *Kommentar zu Nietzsches Unzeitgemässen Betrachtungen: I. David Strauss der Bekenner und der Schriftsteller. II. Vom Nutzen und Nachtheil der Historie für das Leben*, 2020, p.302.

[38] 卡尔·洛维特，《雅各布·布克哈特》，楚人译，商务印书馆，2013，第41页。

[39] Volker Gerhardt, *Pathos und Distanz: Studien zur Philosophie Friedrich Nietzsches*, 1988, p.134.

[40] 苏·普里多，《我是炸药！尼采的一生》，2023，第130—131页。

尼采后来在《瓦格纳事件》序言里说得很清楚："不合时宜"，就是一个哲学家"要于自身中克服他的时代，成为'无时代'的"，就是要"对于全部时代性的、合时宜的东西，保持一种深刻的疏异、冷漠、清醒"。[41] 这种批判姿态和写作风格，在《不合时宜的考察》第一篇中似乎还稍欠火候，而在第二篇《历史对于人生的利弊》中得到了淋漓尽致的发挥。在此书中，"不合时宜"的批判矛头，毫不留情地指向了德国的语文学、历史学、黑格尔哲学、历史主义思潮、高等教育乃至德国文化……总之，都是尼采说的"时代性的、合时宜的东西"，是那个时代的主流。

语文学可谓 19 世纪欧洲人文学科的皇冠，而尼采早在创作《悲剧的诞生》时就已经举起了叛旗。甚至在 1871 年年初，他就向巴塞尔大学申请转任刚刚空缺的哲学教授教席而未果。《悲剧的诞生》一书更是彻底结束了他和语文学界的蜜月期。尼采从未公开撰文回应那些明里暗里的批评者，但有人认为，《历史对于人生的利弊》就是尼采对语文学界碌碌诸公的一种答复。书中批判的"纪念式历史学""好古式历史学"，书中讥讽的"猎奇的观光客或苛细的考据家"等，皆有意无意地针对当时语文学研究的流弊。[42] 尼采不仅批判语文学，还批

---

[41] 尼采，《瓦格纳事件　尼采反瓦格纳》，孙周兴译，商务印书馆，2011，第 5—6 页。

[42] Anthony K. Jensen,Geschichte or Historie? Nietzsche's Second Untimely Meditation in the Context of Nineteenth-Century Philological Studies, In:

判更广泛意义上的历史学。"19世纪首先是历史学的世纪，历史学成为所有其他科学之首。人们历史地看待一切事物，历史学和古典语文学地位骤升，成为高等教育和初级教育的主干课程。历史学第一次被置于哲学之上。此种趋向在德国尤其得到集中体现和重大发展"，可是，尼采偏要"在历史学的时代作为历史学的批判者出现"。[43]《历史对于人生的利弊》，名为"利弊"（Nutzen und Nachteil），谈得更多的其实是"弊"而非"利"。[44]后来，他还在自传中颇为自得地回顾，当时自己就敢于将"这个世纪引为骄傲的'历史意义'，首次被认作病态的，被认作沉沦的典型标志"，是一种"历史病"。[45]

《历史对于人生的利弊》问世之际，适逢普鲁士在普法战争中大获全胜，德意志民族获得统一。在战后德国的思想文化领域，乐观主义、国家主义呈一边倒之势。特别是"历史主义"（Historismus）思想，主张一切存在都可以且必须从其"历史性"加以理解，强调"时间""叙事""秩序""继承""连续性""整

Manuel Dries (ed.), *Nietzsche on Time and History*, Walter de Gruyter, 2008, pp. 213-229.

[43] Thomas H. Brobjer, Nietzsche's Relation to Historical Methods and Nineteenth-Century German Historiography, *History and Theory*, 2007, 46(2): 156-157.

[44] Katharina Grätz, Nietzsches Geschichtsdenken. Vom Nutzen und Nachteil der Historie für das Leben, in: Barbara Neymeyr, Andreas Urs Sommer (Hg.), *Nietzsche als Philosophder Moderne*, Universitätsverlag Winter, 2012, p.176.

[45] 尼采，《瞧，这个人——人如何成其所是》，2016，第83—84页。

体性"等概念，认为历史是由具有意志力和目的的、独特的、不可重复的人类行为组成，舍此之外，不存在启蒙理性那般固定不变的人类特性，人的本质仅仅展现在他的历史之中。这种思想不仅是一种历史理论，而且是"包含有一整套人生哲学、一种科学观与一种政治社会秩序观的独特的结合"，是 19 世纪德国学术界和市民阶级中占统治地位的世界观。[46] 尼采又是逆流而行，他在书中不仅质疑德国的军事优势能否带来文化复兴，批评德国市民阶级的文化教育造成的恶劣影响，而且"比他的同时代人更能完美地捕捉到历史主义意识形态中的衰败和被动情绪，对于尼采来说，历史主义是一种现代意识的疾患，它培养了一种沉思的、以研究为导向的人格。……历史学家们，在尼采笔下变成了被动的观察者，淹没在了档案之中，无法行动或创造，不断降格为'历史后宫中的阉人'"。[47]

14 年后，就在尼采濒临崩溃、精神错乱的前夕，他写道："我只攻击那些胜利的东西，……我只在找不到盟友、孤立无援的时候才攻击这些东西。"既然如此，时代对他报以冷嘲和漠视，不亦宜乎？直到后来，他才甘心承认："我自己的时代也尚未到来，有些人是死后才得以诞生的。"[48] 在今天看来，《历

---

[46] 格奥尔格·G.伊格尔斯，《德国的历史观》，彭刚、顾杭译，商务印书馆，2021，第 10—19 页；格奥尔格·G.伊格尔斯，《二十世纪的历史学：从科学的客观性到后现代的挑战》，2020，第 33—34 页。

[47] 查尔斯·巴姆巴赫，《海德格尔、狄尔泰与历史主义的危机》，李果译，江苏人民出版社，2021，第 6—8 页。

[48] 尼采，《瞧，这个人——人如何成其所是》，2016，第 23、57 页。

史对于人生的利弊》的"不合时宜",又是一种"合乎时宜",因为尼采的关切、批判,透入现代文明自我认识的膏肓、时代的深处,其切时性和紧迫性都是毋庸置疑的。事实上,在尼采的早期著作中,除了《悲剧的诞生》,后续影响之深远、受关注程度之高,又非《历史对于人生的利弊》莫属。[49]

解题:历史、利弊

《历史对于人生的利弊》(*Vom Nutzen und Nachtheil der Historie für das Leben*)这一标题,据说是尼采仿效了格利尔帕泽(Grillparzer)的《论历史研究之用处》(*Ueber den Nutzendes Studiums der Geschichte*),二书都标举历史学之"利"(Nutzen,或用)。还有一种说法,标题源自叔本华《作为意志和表象的世界》第 1 卷第 1 篇第 13 节的一句话:"上面这些考察既已指出理性的应用有好处,也有坏处(sowohl des Nutzens, als des Nachtheils)。……人类虽有好多地方只有借助于理性和方法上的深思熟虑才能完成,但也有好些事情,不应用理性反而可以完成得更好些。"[50] 尼采在写作《历史对

[49] Barbara Neymeyr, *Kommentar zu Nietzsches Unzeitgemässen Betrachtungen: I. David Strauss der Bekenner und der Schriftsteller. II. Vom Nutzen und Nachtheil der Historie für das Leben*, 2020, p.304. 对此书的漫长接受史和影响史,详见该书第 319—386 页。

[50] Barbara Neymeyr, *Kommentar zu Nietzsches Unzeitgemässen Betrachtungen: I. David Strauss der Bekenner und der Schriftsteller. II. Vom Nutzen und*

于人生的利弊》时对这两部著作征引和参考得很多。

说历史有"利"也有"弊"，这是老生常谈。牛津大学教授麦克米伦（Margaret MacMillan）在 2009 年出版了一本小书，已经译介到国内，也题为《历史的运用与滥用》（*The Uses and Abuses of History*），主要谈历史在民族国家的公共政治和外交关系中的"利弊"，[51] 同题出版物在欧美尚有不少。但是，尼采并非泛泛谈历史，也非泛泛谈利弊，这就关系到标题中另外两个关键词——"历史"与"人生"。这两个词都来自日常语言，却都有必要专门加以界说。

一般说来，"历史"一词包含两层意思：一是过去发生的事件，二是对这些过去事件的记录、叙述和思考。[52] 王阳明有著名的山中花树之喻："你未看此花时，此花与汝心同归于寂。你来看此花时，则此花颜色一时明白起来。便知此花不在你的心外。"究竟是否存在"心外之花"，即历史学家"来看此花"以前就独立存在的过去发生的事情，哲学家和历史学家并未达成一致。这个问题跟哲学上的唯心、唯物之争还不大一样，更多源于历史学自身的局限性——历史学家无法直接观察、触摸过去，必须依靠过去留下来的遗迹（文字记载、

Nachtheil der Historie für das Leben, 2020, pp.263-264. 中译文见：叔本华，《作为意志和表象的世界》，石冲白译，商务印书馆，2018，第 99 页。

[51] 玛格丽特·麦克米伦，《历史的运用与滥用》，孙唯瀚译，广西师范大学出版社，2021。

[52] 王晴佳，《人写的历史必须是人的历史吗？西方史学二十论》，上海人民出版社，2020，第 296—297 页。

考古资料、幸存者的口述等）来间接认识过去。借用陈嘉映先生的一个比喻，在当下现实中，大概没有谁会以为，一只狗熊向我扑过来，我一闭眼，狗熊就没了，我是被吓得闭眼的，不是因为我相信能让狗熊消失。[53] 在历史世界中有点不一样，历史学家更像是姗姗来迟的警探，他不曾目睹狗熊扑人，只看到现场一片流血狼藉，还得从残肢断臂中推测究竟是什么动物肆虐至此。很多时候他一筹莫展，有时他还判断是老虎或狼。

据说，美国历史学家巴巴拉·W.塔奇曼（Babara W. Tuchman）一度也很纠结：设若原始森林里有一棵树倒掉了，却无人听见它倒下的声响，这一事件多大程度上能说它真的存在？过去的事情不能独立于历史学家的阐释而存在，道理似乎也是一样。她最终还是肯定，不论树的倒下是否发出声响，是否被历史学家听到，只要它在森林中留下痕迹，只要它对动物或人类生活产生了影响，它就创造了历史。[54] 犹太民族今日流散世界各地，这是他们的历史遭际（比如排犹运动、强制迁徙和大屠杀）造成的，而不取决于他们如何认知和编纂自己的历史。

尽管存在种种争论，独立存在的历史和历史学表现的历史，在概念上毕竟能够明确区分，在19世纪的德国也是如此。黑格尔在《历史哲学》中就明确讲道：

---

[53] 陈嘉映，《感知·理知·自我认知》，北京日报出版社，2022，第59页。

[54] 巴巴拉·W.塔奇曼，《历史的技艺：塔奇曼论历史》，张孝铎译，中信出版社，2016，第15—16页。

在我们德国语言文字里，历史（Geschichte）这一名词联合了客观的和主观的两方面，而且意思是指拉丁文所谓"发生的事情本身"（res gestae），又指那"发生的事情的历史"（historia rerum gestarum）。同时，这一名词固然包括发生的事情（Geschehene），也并没有不包括历史的叙述（Geschichtserzählung）。[55]

这二层意思，德语都用 Geschichte 来表示，一如我们常用"历史"。尼采在《历史对于人生的利弊》中对 Geschichte 也是混用的：他提到"把历史（Geschichte）当作一门纯粹的科学"，是指史学而非历史，而说"诸民族和诸个体的历史（Geschichte）"，则是指过去本身。[56]当然，尼采书中用得最频繁的一个词是 Historie。这个词也常作"历史"解，是 Geschichte 的同义词，但又带有一种微妙的差异。德国历史学家兰克（Leopold von Ranke）曾言：

完成这些任务是我们这门科学——历史（Geschichte）或史学（Historie）——的应有之义。历史只是事件（Geschehen）的名词化形式。发生之事及其科学乃是不

---

[55]　黑格尔，《历史哲学》，王造时译，上海书店出版社，2022，第 56 页。德文原文系笔者据德文原版所补。

[56]　以下出现的引文，除特别标注出处和页码者，均引自本书《历史对于人生的利弊》的译文部分，不再另行说明。

可分割的。反之，史学则源于知道和知识，……"历史"
（Geschichte）这个词更多强调的是客体性，而"史学"
（Historie）一词则与主体性的关系更为密切。[57]

如果说 Geschichte 作为历史学家记叙和思考的历史，侧
重于人类思想和活动在时间流变中的实际展开，Historie 就侧
重于历史学家独有的对历史的认知和处理方式。[58] 尼采书中
的 Historie 主要应该理解成兰克说的"史学"，更抽象一点说，
是人的历史感、历史意识。在《历史对于人生的利弊》的几
个中译本中，Historie 既有译为"历史"的，也有译为"历史学"
的。本书在标题中保留了泛指"历史"的译法，在正文中通
常将名词 Geschichte 译为历史，将名词 Historie 译为历史学。[59]

解题：历史与人生

比"历史"更复杂的，是 Leben。这个词似可译为人生、

---

[57] 兰克，《论普遍历史》，出自：刘小枫主编，《从普遍历史到历史主义》，
华夏出版社，2017，第 195 页。

[58] 19 世纪的德国人文学者也曾以 Geschichte 来指那种具有目的性等特殊意
义的"普遍历史""世界历史"，而以 Historie 来表示对人类过去活动的
记叙和编纂，这与尼采的理解似乎不同，此处不再赘论。

[59] 关于尼采在《历史对于人生的利弊》中实际涉及的"历史"的各个方面
（包括历史的过去、历史的哲学概念、历史的文化表现形式、历史教育、
历史科学，等等），参见：Katharina Grätz, Nietzsches Geschichtsdenken.
Vom Nutzen und Nachteil der Historie für das Leben, 2012, p.179.

生活或生命。

究竟何谓 Leben？德国学者克勒夫曼（Tom Kleffmann）写过一部厚达 600 多页的专著来讨论西方思想史上特别是基督教神学和尼采哲学中的 Leben 概念。他认为，在日常语言中：

> 一般来说，Leben 首先是一种不自觉的行动，构成了人的存在乃至动植物的存在。"我活着"（ich lebe）起初是不言自明之事。判断另一种东西是否活着，就是看它是否有反应、运动、呼吸、发声。生命本质（Lebenwesen）就表现为生活（lebende），而活（leben）和动（sich regen）是一回事。[60]

因此，Leben 首先是一个动词 leben——活，然后才被对象化为首字母大写的名词 Leben——活者，生命。这显示人类作为生者对于自身生活、生命状态有了自觉的、疏离的反思，生活成了思之对象，才有了"生命哲学"。

当然，人的生活和生命无比复杂丰富，附丽于特定的经济社会条件，要为某种内在或外在的意义而生，要受生老病死苦等的限制……所以，哲学家们理解的人生各不相同。尼采对生活和生命有十分独特的思考，这也是《历史对于人生的利弊》

---

[60] Tom Kleffmann, *Nietzsches Begriff des Lebens und die evangelische Theologie*, Mohr Siebeck, 2003, pp.2-3.

一书的核心问题，或有谓近代的"生命哲学"，此书实为滥觞。不过，尼采从未给 Leben 下一个完整、一致的定义，大致说来，第一，他反对基督教向此世的尽头、来世的复活寻求所谓"真正的"生命。在他看来，为了追求灵魂救赎而压抑乃至折磨自我的苦修生活，以及纯粹认知和反思的生活，皆属生命虚弱衰颓的症候，是一种虚无主义。"是病人和濒死者，他们轻视肉体和大地"，其实"在你的肉体里，比在你的最高的智慧里，有着更多的理性"。所以，生命应是肉体和灵魂双重的充沛强健，此世的生活不可贬低为通往来生的津梁。[61] 第二，他反对实证主义、进化论的生命诠释，即认为人同动物或机械没什么本质区别。相反，人的生活和生命应该是积极的肯定，是强健、勇猛、高尚、自由的，绝非消极被动的适应。生命的本质是"强力意志"，像"金发野兽"，具有"自发的、进攻性的、侵犯性的，做出新解读、指向新方向和塑造新形态的力量"。[62] 这就涉及第三，要践履这种生活，成就这种生命，人就必须自我克服和自我超越。尼采在《快乐的科学》中说道：

---

[61] 尼采，《查拉图斯特拉如是说（详注本）》，钱春绮译，生活·读书·新知三联书店，2014，第 27—33 页；尼采，《论道德的谱系》，2018，第 135 页。

[62] 尼采，《论道德的谱系》，2018，第 79、84 页。关于《历史对于人生的利弊》中的"人生"概念，详见 Tom Kleffmann, *Nietzsches Begriff des Lebens und die evangelische Theologie*, pp.127-203；略见 Volker Gerhardt, *Pathos und Distanz: Studien zur Philosophie Friedrich Nietzsches*, 1988, pp.136-138, pp.148-149.

生活（Leben）意味着什么？——生活——意味着：持续不断地把某种想要死去的东西从自身那里排除出去；生活——意味着：对我们身上（不光是我们身上）变得虚弱和老朽的一切东西采取冷酷无情的态度。[63]

显然，尼采理想的 Leben 不是一个自然的过程或等待救赎的过程，而是寄寓了更高、更深刻的意义。而历史或史学的价值和无价值，全在于它对成就这样的 Leben 是"利"还是"弊"。Leben 在德语中动、名词同型，又在尼采哲学中意涵丰富（涵盖一般生命形态、人区别于动物的生命形态、鲜活的体验、自我超越的理想等），[64] 有日文译者干脆统统译为含糊的"生"。本书将该词主要译为"生活"，少数地方酌情译为"生命"，并在标题中以"人生"总括之。

人的记忆、历史的重负

历史对于人生的利弊，始于人的记忆问题。今天看来，记忆和历史严格说来很不一样：记忆是"体验性"的，"历史

---

[63] 尼采，《快乐的科学》，2022，第 69 页。KSA 3, 400.

[64] 关于尼采著作中 Leben 的用法，可参见：Douglas Burnham,*The Nietzsche Dictionary*, Bloomsbury, 2014, pp.202-203. 这部词典的编者归纳出三种主要意义：（1）人的整体存在。（2）一切活物乃至更广义的存在的特征。（3）个体或群体独特的生活方式。这远不足以穷尽尼采使用 Leben 的全部意义，但大致可见其并不仅仅等于"生命"。

记忆"是亲历过历史事件（战争、革命、大屠杀等）的个人或集体的经历，这些经历事后被复原并转化为叙事。据说，历史学家写的"历史"则应该同这些充斥情感、歪曲或创造的"经历""体验"保持距离，从外部对记忆加以评判和反思。[65] 不过，作为人类在时间流逝中的一种感知，"记忆"广义上也可视为人的"过去"和"历史"。尼采就从此处开始对历史学价值的反思。

《历史对于人生的利弊》第一章就提出，记忆是人和动物之间最根本的区别之一：动物仅活在当下，永远被拴在"此刻"的木桩上。于是，动物没有能力反思自身，因为它无法同早先的状况拉开距离。[66] 唯有人的自我意识和历史意识能反诸己，这种特殊的意识使得人类的思想既能展望未来，又能回顾过去。[67] 换言之，动物唯有无意识的当下，而人类有其过去、现在和未来，这三者在很大程度上是一体的，皆源于人特有

---

[65] 阿兰·梅吉尔，《历史知识与历史谬误：当代史学实践导论》，2019，第39—43 页。

[66] 动物没有时间意识，唯有当下，这个说法大概直接来自叔本华的《作为意志和表象的世界》，叔本华的观念则是 19 世纪知识界的一种习见，即断定人和动物的认知能力存在本质差异，忽略动物内部存在复杂的分化。20 世纪以来的演化生物学研究证实，某些动物（如猿猴、鸟类）在认知、记忆、语言及社会习性等方面和人类颇为相似（参见：弗兰斯·德·瓦尔，《万智有灵：超出想象的动物智慧》，严青译，湖南科学技术出版社，2019）。不过，这一点并不影响尼采后面的一系列推论，特别是他选择牧畜而非灵长类作为动物的代表。

[67] Katharina Grätz, Nietzsches Geschichtsdenken. Vom Nutzen und Nachteil der Historie für das Leben, 2012, p.180.

的意志，皆有选择性。记忆连着现在，人对过去的回忆，常由当下引发（历史学家对过去的兴趣也常是从他当下的兴趣、从过去和现在的联系引发的）；[68] 记忆也连着未来，美国历史学家贝克尔（Carl Becker）有一个很有意思的比喻：人若丧失了全部历史意识，就好比一个人清早醒来，却记不得他说过做过的任何事，只能茫然四顾，不知所措。因为，正常情形下，记忆在人清醒的那一刻起，就已经"伸入过去的时间领域和遥远的空间领域，……仿佛把昨天说过做过的种种事情拉在一起，并且同他现在的知觉和明天要说要做的事情联系起来。没有这种历史知识，这种说过做过事情的记忆，他的今日便要漫无目的，他的明日也要失去意义"。[69] 人创造了他的过去、现在和未来，人借以创造的重要手段和材料，便是记忆。人是如此热衷于保持他的记忆，以至于"即使在他生命的最后一刻，在他即将倒下的千钧一发之际，或是快要溺水身亡的时候，他一生的故事还是会迅速地在眼前掠过"。[70] 有学者总结，在尼采眼中：

> 人是一种能够记忆的动物。他徒劳地抵抗着过去的重负，至多只是佯装摆脱了记忆。所以，人就是一种历

---

[68]　沃尔什，《历史哲学导论》，2001，第35页。

[69]　何兆武主编，《历史理论与史学理论：近现代西方史学著作选》，2021，第590—592页。

[70]　彭刚主编，《后现代史学理论读本》，北京大学出版社，2016，第265页。

史性的动物。[71]

然而，尼采提醒，别的动物是"非历史地活着的"，但活得相当快活和餍足；相反，"历史地活着"的人，记忆于他是一种福音，亦是一种诅咒。人所记得的东西，常要"裹挟着挣扎、苦难和倦怠袭向人"。如果放纵这样的历史感侵占人的全部意识，如果人只懂得从历史来理解自身，总是将自身的视野推到无限遥远的过去，被无尽的知识涌入和淹没，那么，人这种会记忆的、历史性的动物就会得病，丧失行动和创造的能力。尼采叹惋，人"每每执着于过去：无论他跑多远，跑多快，总是拖着这一枷锁"。这具枷锁时而会变得沉重无比，让人不堪承受，让生命力枯竭。"如果一个人始终只想历史地感觉一切，那就好比一个人强迫自己不得入眠。"人若是无法从历史的重负中解放出来，就成了背负过去蹒跚前行的奴隶。

因此，人同时需要"非历史"的感知和生存，也就是"能够遗忘、将自己封闭在有限视域中的技艺和力量"。尽管人无法像动物那样即刻遗忘、彻底遗忘，他仍需要遗忘："人的所有行为皆要伴随遗忘：恰似一切有机物的生命不仅需要光，也需要暗。"在《论道德的谱系》中，尼采更将善于遗忘视为人的天性健康强壮的标志。积极的遗忘，是人特有的意志行为，就像一个"守门人"，阻截那些导致生命过载、消化不良

---

[71] Volker Gerhardt, *Pathos und Distanz: Studien zur Philosophie Friedrich Nietzsches*, 1988, pp. 138-139.

的体验和知识，为新的意识，为治理、预见和谋划腾出地方。[72]
人的记忆能力，以及人学会遗忘的能力，共同构造了人这一
特殊的主体。[73]

　　这一点很有意思。职业历史学家讨论历史的弊病，更爱
批评庸人好以史为鉴，多误在"执陈方以医新病"，用吕思勉
先生的话说，"不读历史，倒还面对着事实，一件新事情来，
要去考察它的真相，以定应付的方针；一有了历史知识，先入
为主，就会借重已往的经验，来应付现在的事情，而不再去考
察其真相；即使去考察，亦易为成见所蔽，而不能见其真相了"。
这种病该如何对治？吕先生辩护说，这其实不是历史本身的
"病"，反倒是人缺乏足够的历史知识所致，"历史知识是不会
误事的，所以误事，还是苦于历史知识的不足"。[74]可是，尼
采恰恰以为，若以生活、行动、创造为标准，历史知识也会误事，
越多越误事，这当然是在另一层面讲的。历史学对生命的危
害不在历史感的匮乏，正在历史感的泛滥，历史学对生命可
以造成一种历史病（historische Krankheit）。甚至"历史学一
旦过度，人就不再是人了"。——这是尼采的独见。[75]

---

[72]　尼采，《论道德的谱系》，2018，第 57 页。

[73]　阿兰·梅吉尔，《历史知识与历史谬误：当代史学实践导论》，2019，第
　　　 74 页。海登·怀特，《元史学：19 世纪欧洲的历史想象》，2013，第
　　　 473—476 页。

[74]　吕思勉，《吕著史学与史籍》，华东师范大学出版社，2002，第 1—2 页。

[75]　Katharina Grätz, Nietzsches Geschichtsdenken. Vom Nutzen und Nachteil
　　　 der Historie für das Leben, 2012, p.175.

三种历史学及其"利弊"

记忆和遗忘，历史感和非历史感……历史学由此展现出维系生命和压迫生命的二重性。不过，在19世纪的欧洲，历史学的利弊是通过各种不同形式的历史学体现出来的：尼采在《历史对于人生的利弊》第二、三、四章标举和剖析了三种历史学——"纪念式历史学""好古式历史学""批判式历史学"。这是本书中最为后世广泛引用的一组概念，很多人未必读过尼采，但对这些概念多半不会陌生。另一种影响如此之大的史学三分法，还是黑格尔在《历史哲学》的绪论中提出的"原始的历史""反思的历史"和"哲学的历史"，由此或许也能窥见一点青年尼采的抱负。

尼采认为，这三种历史学源自人类生活的三类根基性需要——行动和奋斗、保全和景仰，以及从苦难中寻求解脱和慰藉，这三种历史学也都以不同方式和程度或服务或败坏了生活和生命。

"纪念式历史学"之所以称"纪念式的"（monumentalisch），实有特殊的历史背景：在19世纪后期，欧洲各地掀起了一股为后人的景仰膜拜而建立纪念碑的风潮。例如，1859年适逢席勒诞辰百年，德国举行了纪念典礼并落成了诗人雕像，举国视为盛事。[76] 因此，有译者将之翻译为"丰碑的历史"，也十

---

[76]　Barbara Neymeyr, *Kommentar zu Nietzsches Unzeitgemässen Betrachtungen:*

分贴切。纪念式历史学为实干家和奋斗者提供了崇高的"垂范、导师和慰藉",他们从历史中目睹"诸多个人奋斗的伟大时刻构成了一个链条;由此,人类的峰峦历经千年彼此相连",于是欢欣鼓舞,去为艰难甚至希望渺茫的伟大事业奋斗和拼搏。尼采对纪念式历史学的态度是相对肯定的,因为"对一切时代的伟大事物具有一致性和连续性的信念,是对世代变幻和人生苦短的一种抗议"。但是,为了塑造伟大榜样及其连续性,为了追求激励人心的效果,不免要牺牲真实的历史因果,于是,历史常被刻意美化粉饰,甚至"近乎肆意虚构"。其恶劣后果乃是:强者会利用虚假的历史类比,"引诱胆大的人鲁莽行事,引诱热情的人盲目追随,要是试想一下,这种历史学被天才的自私鬼和狂热的恶徒玩弄于股掌之间,帝国将会毁灭,王侯将被屠戮,战争与革命将被煽动"。而弱者、庸众则会一面高呼"伟大者当不朽"、伟大早已实现,一面贬低和否定那些方兴未艾、将要成就伟大的新事物,他们"毫不吝惜地赞颂前代的强力者和伟大者,从而掩盖起他们对当代的强力者和伟大者的怨恨",纪念伟大的历史学就沦为了扼杀伟大的历史学。

"好古式历史学"的渊源还要久远。所谓"好古"(antiquarisch),一译"博古",其实是一种早期的历史研究范式,是欧洲人文主义者重拾古典文化的产物。早期的"好古式"

I. *David Strauss der Bekenner und der Schriftsteller. II. Vom Nutzen und Nachtheil der Historie für das Leben*, 2020, pp.453-454.

学者不仅钻研古代文献，而且蒐集研究各种古物。17 世纪的培根在《人类知识的增进》中描述说，他们"从家谱、年鉴、题目、纪念物、硬币、特有的名字和风格、词源、寓言、传说、各种私人和公共的档案、契约、各种片段的传说中，仍然可以把历史构想出来。……这确是一件十分辛苦的工作，……它的价值远远超过对国家起源的各种寓言式解释，并可以取代那类杜撰"。[77] 因此，好古式研究最终汇入历史研究，在近代欧洲史学的转型过程中起到了重要作用。[78] 对于生活的"用"或"利"，好古式历史学提供了一种精心保全和呵护的"过去"，为一个人或一个民族提供了栖身乃至逃避之所，使之乐天知命，安于现状。[79] 仿佛那同一个熟悉的（个体或集体的）自我，即使"穿越重重黑暗和混乱的漫长世纪"，也还历久弥新，绝不像一片飘零的落叶，而是（用尼采的比喻）有一种树大根深的舒适和安全感。不过，好古式历史学始终局限在狭窄的视域中，"把一切事物看成同样重要，从而把每一个别事物又看得过于重要"，滑向一种缺乏鉴别能力的相对主义；又或者，对古物、旧俗的执着和痴迷，使得历史学不惜一切代价将鲜活生动的事物进行防腐处理，"不再维系生活，而是将之制成

[77] 何兆武主编，《历史理论与史学理论：近现代西方史学著作选》，2021，第 20—21 页。

[78] 王晴佳，《人写的历史必须是人的历史吗？西方史学二十论》，2020，第 18—23 页。

[79] Katharina Grätz, Nietzsches Geschichtsdenken. Vom Nutzen und Nachteil der Historie für das Leben, 2012, p. 183.

干尸"，人就完全丧失了行动和创新的能力。

纪念式历史学和好古式历史学，二者构成了一对矛盾，前者极大扩张人的历史视野，后者则将人禁锢在狭小舒适的历史天地中，"纪念式的历史一方面创造性地在尊重过去的伟大基础上将人指向未来，另一方面破坏性地削弱了人们对伟大的冲动；好古式的历史一方面创造性地引起了对起源的虔诚尊重，另一方面破坏性地反对现时的需要或渴望"。[80] 但是，两种历史学本质上都是"肯定式"的，比如，都肯定记忆、古老传统、民族精神或国家神话，等等。于是，第三种历史学——批判式历史学就成了不可或缺的了，因为，它是"否定式"的。[81]

批判式历史学旨在破除前两种历史学营造的幻景，是"那种打破过去、消解过去的力量"。它用冷酷无情的手术刀，揭露人的过去、人的历史无非是一系列"迷乱、激情、谬误甚至罪行"，是种种残暴、贪欲、压迫和不义。原来，纪念式历史的丰碑之下，掩藏着多少枯骨和不能见天日的罪恶，由此，人对伟大事物和古老事物的敬畏感消解了。在批判式的透镜下，人醒悟到一切都是不义的，都必须接受审判乃至处决。唯有如此，他才能较少牵挂地面对此在和未来，并且"给自己一个后天培植的过去"。20 世纪法国哲学家雷蒙·阿隆（Raymond Aron）说："认识过去是从过去解放出来的一种方式，因为唯

---

[80]　海登·怀特，《元史学：19 世纪欧洲的历史想象》，2013，第 478 页。

[81]　Katharina Grätz, Nietzsches Geschichtsdenken. Vom Nutzen und Nachteil der Historie für das Leben, 2012, pp. 183-184.

有真相才能让人最为清醒地给出判断，是同意还是拒绝。"[82]批判式历史学可谓把由"认识"得"解放"发挥得淋漓尽致。甚至有人认为，在现代社会，历史学本就应该是批判式的，因为发挥"肯定"功能的其他机制已经够多了，从个体的顾影自怜到现代国家的宣传机器。但是，批判式历史学既是一种解药，也是一种毒药：人若念念不忘生活就是不义，便会产生一种嫌恶和摒弃，进而对生活悲观。由此，批判式历史学引诱人去渴求终结、虚无："生成的一切总应当要归于毁灭；所以最好，不如不生。"

总之，"纪念式历史学"崇尚伟大，利在激励奋斗，其弊也肆；"好古式历史学"维系传统，利在提供安适，其弊也拘；"批判式历史学"谴责不义，利在寻求解放，其弊也刻。不过，正如有学者指出的，尼采的史学三分法，其实不是三种历史学方法，而是"为了当下的人生而赋予历史以意义的三种策略"。[83] 所以尼采相信，三种历史学皆能为生活（也就是现在和未来）服务。如何能够做到这一点呢？

尼采的回答是："唯有从当代的至高力量出发。"这又是什么意思呢？

---

[82] 雷蒙·阿隆，《历史意识的维度》，董子云译，华东师范大学出版社，2017，第86页。

[83] Katharina Grätz, Nietzsches Geschichtsdenken. Vom Nutzen und Nachteil der Historie für das Leben, 2012, pp. 182.

反思"客观性"

尼采曾为本书草拟了一些写作设想，其中一份非常接近定稿的设想，在他的遗著笔记中保存了下来：

> 《历史对于人生的利弊》
> 前言
> I. 历史的，非历史的，超历史的
> II. 为生活服务的历史学
> 纪念式
> 好古式
> 批判式
> III. 敌视生活的历史学
> 它导致了内在和外在的危险对立
> 它造成一种正义的假象
> 它破坏人的本能，阻碍人的成熟
> 它培育出对人类老年的信仰
> 它会被聪明的利己主义利用
> IV. 非历史的和超历史的，作为治疗遭历史学损害的生活的手段 [84]

---

[84] Barbara Neymeyr, *Kommentar zu Nietzsches Unzeitgemässen Betrachtungen: I. David Strauss der Bekenner und der Schriftsteller. II. Vom Nutzen und Nachtheil der Historie für das Leben*, 2020, p.268.

由此可见，在提出三种历史学之后，尼采要进一步分析历史学因"过度"而在 19 世纪末的欧洲社会引发的种种具体之"弊"。最终写成的《历史对于人生的利弊》倒也没有偏离这些方向。不过，在第五章以下的几章中，尼采猛烈地进行了一种广泛意义上的现代文化批判，针对基督教、目的论史学、实证主义史学、黑格尔哲学的流毒、德国文化和教育……最后，他才回到治愈"历史病"的解药——非历史的、超历史的事物上来。但是，这种解药之所以成其为解药，可以说是尼采对历史学所谓"客观性"进行批判的一种必然结果。

在 19 世纪欧洲史学中，标举"客观性"为宗旨的代表便是兰克及其后学，便是那句著名的口号——"如实直书"（wie es eigentlich gewesen）。兰克学派讲求原始史料（比如官方档案、外交书信），提倡一种客观主义、不偏不倚、立场超然的治史方法。[85] 当然，在今天看来，他们远没有真正做到这一点，只是以对"客观性"的崇拜掩盖了其内里的价值和意识形态预设。[86] 不过，这并不妨碍尼采当时将兰克之流作为一个箭垛，集矢于此。据他说，兰克史学的理想就是这样一种历史学境界："在这种状态中，他（历史学家）纯粹地观照某个事件的全部动机和后果，纯粹到这一事件对他的主体不产生任何影响"，

[85] 王晴佳，《人写的历史必须是人的历史吗？西方史学二十论》，2020，第 101—117 页。

[86] 海登·怀特，《元史学：19 世纪欧洲的历史想象》，2013，第 223—259 页；格奥尔格·G.伊格尔斯，《德国的历史观》，2021，第 95—133 页。

在尼采眼中，这是一种"拙劣的神话"。在同时期的一则遗著笔记中，尼采说得更明快：

> "客观"便是指历史学家的一种状态，一种艺术家的沉思：但是，相信事物对浸入这种状态的人所展现的画面揭示了事物的真实本质，则大谬不然。莫非人们真以为，在这种状态下，事物被原原本本拍摄下来了？以为这就是一种纯粹被动的状态？恰恰相反：这才是创造艺术作品的真正时刻，是最高程度的构成时刻：个体意志沉寂了。这幅绘画在艺术上是真实的，但在历史学上还不是。这里创作出的并非事实（Facta），而是事实的编织和联系，它偶尔也不妨是真实的；但即使它是虚假的，依然不失为"客观的"。[87]

尼采讽刺说，"客观性"的历史学家似乎摇身一变，成了一面"客观的玻璃镜"，能原原本本映出万物，或者一个"被动共鸣器"，能分毫不差地传递遗音，就像法国历史学家德库朗惹（Fustel de Coulanges）说的："请不要为我鼓掌，不是我在向你们讲话（历史），而是历史通过我的口在讲话。"[88] 但其

---

[87] Barbara Neymeyr, *Kommentar zu Nietzsches Unzeitgemässen Betrachtungen: I. David Strauss der Bekenner und der Schriftsteller. II. Vom Nutzen und Nachtheil der Historie für das Leben*, 2020, p.487.

[88] 张耕华，《历史学的真相》，东方出版社，2020，第 43 页。

实，在客观性的假面下，掩藏的是他们对既成事实、成功和权势的膜拜，掩藏的是他们"徒有正义的冲动，却又缺少对人类的判断力"、缺少生活所必需的"激情和道德力量"的尴尬事实。在最好的情况下，"客观性"的历史学家也只是用"凝神观察的冷峻姿态"来掩盖思想上的平庸、低俗和无趣。

尼采并不否认，"客观性也是必须的，却要作为积极的品质"。积极的品质，就是上面说的"判断力""激情"，或者说艺术冲动、建设（未来生活＝更高的生活）的冲动："人类就这样在过去上面织网，束缚着过去，就这样表现出自己的艺术冲动——但不是他追求真理、追求正义的冲动。"这并不会妨害真正的"客观性"："一部历史著述并不含一丝庸俗的经验性真理，却依然有权声称自身是极度客观的。"因为，历史学家若是充当法官来反思、评判过去，最最首要的品质并不是中立无偏，而是要比过去站得更高，这就是尼采说的——"从当代的至高力量出发"：

> 历史是由经验丰富的人和高人一等的人书写的。一个人，他的经历若不是比所有人的经历都更伟大、更崇高，他也就绝不知如何解释过去的伟大和崇高。

尼采理解的"客观性"，与传统历史学的理解十分不同。客观性之所以成为问题，主要因为历史学具有考据、理解、叙述和评价等多个互相交融的层次。《史记》载"七月丙寅，始皇崩于沙丘平台",这也许算一个"客观"史实,但通常说的"历史"却并非这样干瘪的编年条目,而是要复杂得多,比如说关于秦亡楚兴、楚汉兴亡的各种叙事,这些叙事皆带有史家(从司马迁到现代历史学家)的建构成分。学者提出,"客观性"通常有四种内涵:(1)绝对的客观性,即上帝视角式的、完全如实地再现外在对象;(2)学科的客观性,即在学科内部(比如在职业历史学家当中)对何谓真实、客观达成的共识;(3)辩证的客观性,即客体在主体和客体互动中构建出来,主观性实际是客观性必不可少的因素;(4)程序的客观性,即通过去除个人色彩的方法或程式而达到的客观性。[89]职业历史学家一般放弃第一种绝对客观性,但承认第二、第四种客观性,也就是说,历史学虽然无法原原本本地还原秦汉之际的历史,但可以经由对史料的严格批判,借助常识和普遍规律对人类活动的解释和叙述,通过历史学同行的职业伦理规范,最大限度地保证"客观性"。

然而,尼采的理解则是第三种——主客交融的"客观性",即不再像另外三种客观性那样,将"主观性"视为应该予以排除或抑制的负面因素,而是视为必要的要素和助力。[90]剔

[89] 彭刚,《叙事的转向:当代西方史学理论的考察》,北京大学出版社,2009,第189页;阿兰·梅吉尔,《历史知识与历史谬误:当代史学实践导论》,2019,第165页。

[90] 阿兰·梅吉尔,《历史知识与历史谬误:当代史学实践导论》,2019,第175—176页;Anthony K. Jensen, *Nietzsche's Philosophy of History*, 2013, pp.123-125.

除主观性，像兰克史学那样宣称自己无偏无党，要么是一种谎言，要么，即使能做到，构建出一种纯粹理性的、毫无利害关系的认识主体，对人、对生命也有害无益，就像尼采在《论道德的谱系》中讽刺的，被剥离了情感和意志的知性，无异于遭到了阉割。[91] 在《历史对于人生的利弊》中，尼采将"客观性"历史学家嘲为"中性人"、历史后宫的"阉宦"，大体是一个道理。

既然历史学家对过去的沉思和静观本质上是一种审美现象，而企求纯粹客观性的人，表现为一种去势的、虚弱的、颓废的类型，那么，要"治疗遭历史学损害的生活"，必定不能从某种更"科学"的历史学中求之。相反，必须求助于那真正关切主体、主观性的，"非历史的"甚至是"超历史"事物——那些使得生活、生命更强健活跃的"至高力量"，尤其是艺术，所以尼采说：

> 唯有当历史学能容忍被改造成艺术品，转化为纯粹的艺术形态时，历史学或许才能维系乃至唤起人的本能。

后现代史学的先知？

然而，将历史学"改造成艺术品"，历史和艺术、真实和

---

[91] 尼采，《论道德的谱系》，2018，第139页。

虚构的界线岂不就荡然无存？这岂不就是后现代史学的孤明先发，比如海登·怀特主张的：历史意识有一种深层的结构——历史学家的思考和叙述无不带有（由语言的本质决定的）"诗性"预构；因此，一种历史模式并不比另一种具有更多"实在性"或"客观性"，结果，"选择某种有关历史的看法而非选择另一种，最终的根据是美学的或道德的，而非认识论的"。[92] 或如英国历史学家基思·詹金斯（Keith Jenkins）声称的："从根本上说，我们最好将历史学视作某种比喻、某种模型、某种充满想象力的行为——即某种美学，并且作为某种美学，它无须在认识论的法庭上担负什么责任。"[93] 尼采以生活为衡量历史学之"利弊"的唯一标准，要求历史学家努力"从当代的至高力量出发"来为现在和未来的生活服务，以"非历史"和"超历史"来治愈历史学的疾病，这岂不就是将历史学建立在伦理和审美的理由之上？[94]

在叔本华和瓦格纳的强烈影响下，早期的尼采似乎确实认为，人的全部认知、审美和道德活动（科学、艺术、宗教）本质上皆不过是同一种生命意志所营造的幻景：

---

[92] 海登·怀特，《元史学：19 世纪欧洲的历史想象》，2013，第 4 页。

[93] 彭刚主编，《后现代史学理论读本》，2016，第 219 页。

[94] 关于这个问题还可参见：A.Megill, *Prophets of Extremity: Nietzsche, Heidegger, Foucault, Derrida*, University of California Press, 1985, pp.27-102.

　　这是一个永恒的现象：贪婪的意志总是在寻找某种手段，通过一种笼罩万物的幻景使它的造物持守在生命中，并且迫使它们继续存活下去。有人受缚于苏格拉底的求知欲，以及那种以为通过知识可以救治永恒的此在创伤的妄想；也有人迷恋于在自己眼前飘动的诱人的艺术之美的面纱；又有人迷恋于那种形而上学的慰藉，认为在现象旋涡下面永恒的生命坚不可摧，长流不息。[95]

这种悲观主义的意义在于，"关于现实，我们只能建立幻想。但是，我们可以知道我们是在建立幻想，并且这样来建立幻想，以便最后这种幻想有利于生命，而不是损害生命"。[96] 在《悲剧的诞生》中，尼采已将艺术特别是音乐崇奉为更接近生命本质的一种冲动，将理论家（苏格拉底式人物）的特征即"科学本能"、不知餍足的求知欲等斥为一种逃避、怯懦、虚伪、狡诈。至于历史感，仅是人的多种认知形式中的一种，就其对生活、生命的价值而言，它显然低于艺术，更低于能够洞悉"价值不变、意义恒定的静止实在"的哲学。所以，历史学要"追随强劲的、新的生命之流"，要接受比它"更高力量的支配和引导"：

　　"超历史的"一词，我用来称呼这样一种强力，它把

---

[95]　尼采，《尼采著作全集》第 1 卷，2023，第 134 页。

[96]　施特格迈尔，《尼采引论》，田立年译，华夏出版社，2016，第 118 页。

目光从"生成"移开，转向赋予人的生存以永恒一类特性的事物，即艺术和宗教。

这样看来，尼采说的把历史学"转化为纯粹的艺术形态"，并不等于要将史学著述转化成小说、诗歌，而是说，他关心的是"找出历史本身如何能被转变成和梦（按：'梦'即日神元素，与'醉'即酒神元素相对）一样具有创造性的一种形式"。[97] 所以，他接着讲，这种转化，是为了"唤起人的本能"，唤起人在患上"历史病"之前本来强健丰沛的生活本能。这是一个非常有特色的立场。众所周知，意大利历史学家克罗齐（Benedetto Croce）主张"一切历史都是当代史"，直白地解释就是，历史学尽管是"生者叙述死者的历史——只有生者去诠释，去理解死者并重新使死者具有生命，那些死者才会有意义"。[98] 尼采想的更深一层，他考虑的不仅仅是生者（当代）赋予死者（过去）以生命，而是要求在此之前，生者自身的生命必须更健康，更有意义，必须高于死者，否则，他对于过去的阐释便缺乏真正的目的和意义：

> 唯有从当代的至高力量出发，你们才可以解释过去：
> 只有把自身最高贵的德性发挥到极致，你们才能察觉，

[97]　海登·怀特，《元史学：19 世纪欧洲的历史想象》，2013，第 453 页。译文参照原文略有调整。

[98]　雷蒙·阿隆，《历史讲演录》，张琳敏译，上海译文出版社，2016，第 168 页。

在过去，有什么值得了解、值得保存，什么是伟大的。

在强调主体和当下对于历史的意义，在不把历史学视为一种纯粹知识而视为一种富于创造性的策略方面，后现代史学完全有理由将尼采视为前驱，引为同道；甚至唯有在后现代史学出现以后，尼采的历史哲学才真正得到重视和理解。海登·怀特几乎言必称尼采，后现代史学家的基本立场和某些具体主张，恐怕也在相当程度上源于尼采的启迪。

比如，尼采在《历史对于人生的利弊》中说，19世纪的历史感过度成了一种疾病，治疗这种病的前提条件是：

> 唯有从当代的至高力量出发，你们才可以解释过去。……唯有那些建设未来的人，才有权利审判过去。

在《历史学的重负》中，海登·怀特显然是在呼应他：

> 历史学家似乎是一种疾病的携带者，这种疾病既是19世纪文明的原动力，同时也是它的一种报应。这就是为什么这么多现代虚构作品试图将西方人从历史意识的暴政下解放出来的原因。只有把人类智力从历史感中解放出来，人们才能够创造性地面对现在的问题。[99]

---

[99] 彭刚主编，《后现代史学理论读本》，2016，第30—31页。

又如，尼采说：

唯有当历史学能容忍被改造成艺术品，转化为纯粹的艺术形态时，历史学或许才能维系乃至唤起人的本能。

而荷兰历史哲学家安克斯密特（Franklin Rudolf Ankersmit）在《答扎格林教授》中说：

在史学和艺术中，其理想都是提供一幅可以作为替代品的"图画"。……史学作品和艺术作品一样，乃是一种替代品。[100]

再如，尼采说：

真正的历史学家必须能够将广为人知之事，融铸为前所未闻之事，将稀松平常之事以一种简单而深刻的方式宣告出来。

而安克斯密特在《叙事主义历史哲学的六条论纲》中说：

历史学的目标不是将叙事之物转化为实在之物。相

---

[100] 彭刚主编，《后现代史学理论读本》，2016，第202页。

反，它试图消解那看似已知的和不成疑问的东西。它的鹄的不是将未知的还原为已知的，而是使看似熟悉的东西陌生化。[101]

……

然则，尼采竟是一个 19 世纪末的后现代史学先知吗？这引出了最后一个问题：尼采的历史哲学究竟落脚在何处？

尼采历史思想的归宿

对于《历史对于人生的利弊》的作者来说，理想中的历史学家究竟长什么样？詹森在《尼采的历史哲学》中有一段归纳，其中很多品质，前面都提到过：

尼采的建议是，真正的历史学家，绝非完美的事实蒐集者，而应该具备某种伟大的品质。他告诉我们："行动者和强力者首先需要历史"，就像歌德和席勒，他们把过去当成激励自身的楷模，而不是一味地模仿。……另外，"历史是由经验丰富的人和高人一等的人书写的。一个人，他的经历若不是比所有人的经历都更伟大、更崇高，他

[101] 彭刚主编，《后现代史学理论读本》，2016，第 149 页。关于安克斯密特的"陌生化"叙事理论，参见：彭刚，《叙事的转向：当代西方史学理论的考察》，2009，第 63—64 页。

也就绝不知如何解释过去的伟大和崇高"。……还有,"唯有那些建设未来的人,才有权利审判过去。你们向前展望,给自己设定一个伟大的目标"。历史学家显然必须是这样一个"大师",他通过强健地统合各种本能,便能洞察在过去什么才值得了解和保存。尽管尼采在具体细节上含糊其词,但他的宗旨可归结为一个词(也是尼采特色的词),那就是"强力",这真正的历史阐释者的标志。[102]

当然,纯靠呼吁"伟大品质""高人一等""强力"云云,很难让职业历史学家真正信服。尼采自己究竟有没有从"超历史"的、"至高力量"的角度,写出过"为生活服务"的历史呢?有学者认为,他在晚期创作的《论道德的谱系》就是这种历史学作品。[103]

不止一个尼采研究者看出,尼采对于历史学的态度前后多少有些转变。[104] 在《历史对于人生的利弊》中,他将 19 世纪引以为傲的"历史感"、历史学斥为一种病态、一种颓废的症候。几年后,尼采在《人性的,太人性的》(1878)中自述:"我在发表反对'史学病'的言论时,已经学会了如何从这种

---

[102] Anthony K. Jensen: *Nietzsche's Philosophy of History*, 2013, pp.89-90.

[103] 海登·怀特,《元史学:19 世纪欧洲的历史想象》,2013,第 506 页。

[104] Thomas H. Brobjer, Nietzsche's Relation to Historical Methods and Nineteenth-Century German Historiography, *History and Theory*, 2007, 46(2): pp.155-156. Anthony K. Jensen: *Nietzsche's Philosophy of History*, 2013, pp.3-4.

病中缓慢地、费力地康复，并且，不愿意因曾深受其苦便要在将来完全放弃'历史/史学'。"[105] 反过来，他批评哲学家："缺乏历史感是一切哲学家的遗传缺陷"，他们往往"不知不觉地将人的最新形式，如在某些宗教影响下，甚至在某些政治事件影响下产生的人，视为人们必须从其中出发的固定形式"。而为了纠正这一缺陷，"历史的哲理思考是必要的，与之相伴的是谦逊的美德"。[106] 据说这已经预示了尼采在哲学中应用的一种历史学方法——谱系学（Genealogie）。

谱系学，就是从权力意志的视角来考察道德起源的历史，追问向来被视为给定的、不可质疑的道德价值本身的价值："人类是在何种条件下为自己发明那些善恶价值判断的？这些价值判断本身又有什么价值呢？"[107] 道德价值（善恶、好坏、正义非正义）不具有单一的合目的性，不是连续不变或从开始就注定的，而是与"侵犯、斗争、掠夺"有关，甚至是非常偶然地被形塑的。[108] 推而广之，"一个'事物'、一个器官、一种惯例的全部历史"，其实只是权力意志主导下"由不断更新的阐释和编造相继组成的记号链条"，在这一进程中，早先

---

[105] 尼采，《人性的，太人性的：一本献给自由精神的书》，魏育青等译，华东师范大学出版社，2008，第398—399页。

[106] 尼采，《尼采全集》第2卷，杨恒达译，中国人民大学出版社，2011，第13页。

[107] 尼采，《论道德的谱系》，2018，第4—5页。

[108] 福柯，《尼采、谱系学、历史》，出自：杜小真编选，《福柯集》，上海远东出版社，1998，第146页。

的"意义"和"目的"被不断掩盖和抹杀了。在这一进程背后，是生命本质必然表现出的"自发的、进攻性的、侵犯性的，做出新解读、指向新方向和塑造新形态的力量"。[109] 谱系学，一种新"史学"，便是要揭示这些数千年来遭到误解和滥用的价值起源的真相。

但是，怎样证明尼采这种"道德史学"表现的历史是"真实"的，而不是又一种"艺术上的真实"呢？历史学自身的各种程序、规范或学科伦理还不足以保证这一点。对于这种"客观性"，他早就批判过。尼采解决这个困境的办法似乎是诉诸一种"视角主义"（Perspectivism，也译作透视主义）：

> 只有一种透视式的观看，只有一种透视式的"认识"；而如果我们在某件事情上让更多情绪诉诸言表，如果我们知道让更多眼睛、有差异的眼睛向这件事情打开，那么，我们对这件事情的"概念"、我们的"客观性"就会变得更加完整。[110]

如果最充分地考虑到参与认知客体的主体因素，那么，每一个看待过去、看待历史的视角——天主教或新教的，平等主义或贵族主义的，进步主义或保守主义的——都只是一种

---

[109]　尼采，《论道德的谱系》，2018，第82—84页。

[110]　同上，第139页。

解释，背后都是一种强力和意志；没有唯一的视角，没有任何一个视角相对于其他视角拥有绝对特权。基础意义上的客观性"意味着来自一个特定类型内部的主体间的一致判断"；[111]而通过主动暴露自身的视角，借由不断反思、批判，不断转换观察位置（视角），观察者或许能获得"更加完整"的客观性。

这有点像 20 世纪历史哲学家沃尔什（William Henry Walsh）的"配景论"，即承认历史学家之间存在无法通约的不同观点，但对每一个历史学家来说，"过去都是按他的观点而被显示出来的"，好比不同的肖像画家给同一个人画像，他们都"是从他自己的特殊观点来看他的主人公的，然而却可以说是他对于那个主人公的'真实'有着某种洞见"。特定类型的历史学家对过去的不同描述和阐释也是一样："马克思主义对 19 世纪政治史的解说将只对马克思主义者才是有效的；自由主义的解说则只对自由主义者才是有效的，如此等等。但是，这并不妨碍马克思主义者或者自由主义者以一种可以称之为客观的姿态来书写历史"，不过，前提是他们必须对自己的"前提假设"和历史证据有严谨的认识态度。[112] 可惜，"配景论"一旦涉及价值判断，便很难摆脱相对主义乃至犬儒主义的责难：难道法西斯主义的或种族主义的历史也可以同自由主义的历史同样具有"客观性"，不妨一视同仁么？[113]

[111] Anthony K. Jensen, *Nietzsche's Philosophy of History*, 2013, pp.126-129.
[112] 沃尔什，《历史哲学导论》，2001，第 115—119 页。
[113] 张耕华，《历史学的真相》，2020，第 312—324 页。

哲学家尼采认为，终究还是存在判定不同视角是否更有利（Nutzen）的标准——看它究竟是有利于生活和生命，还是敌视之、贬低之、毒害之。[114] 这虽然也有点抽象，但毕竟不是一种彻头彻尾的相对主义，而是连到了活泼泼的人的行动上去。呼吁一个历史学家要比他的同时代人站得更高、拥有更伟大的品质云云，或许是陈义过高了，以此责人，不亦难乎？姑且悬为鹄的吧。反过来，自认高人一等的圣贤，可能觉得历史学无用，甚至是成圣的障碍，就好像程颢对门人说："贤却记得许多，可谓玩物丧志！""超人"还需要历史么？我不是尼采专家，没资格回答这个问题。但是，不管怎么说，历史学至少有一种实际的作用，就是通过批判不同的历史感，包括纪念式历史学、好古式历史学、批判式历史学以及其他一切未加反思的历史和价值的根源，为人的生活开辟一种解放性的、创造性的道路。正如海登·怀特精彩总结的，尼采赋予历史学的使命乃是：

> 消除所有继承下来的构想历史的方式具有的权威性，让历史思维回到诗性的、具有特定隐喻性的世界理解模式中，也就是说，要增进一种创造性的遗忘能力，以便使思维和想象能立即对以混沌状态展现在那里的世界做出反应，按照当前的愿望和需要要求的那样利用这个世界。[115]

---

[114]　阿瑟·丹托，《作为哲学家的尼采》，2021，第59—64页。

[115]　海登·怀特，《元史学：19世纪欧洲的历史想象》，2013，第509页。

这话虽有些拗口，意思是显豁的：不论历史学家的工作是崇尚、保全还是谴责，是肯定还是否定，切勿忘记，历史学本身并非最高目的。雷蒙·阿隆认为："人是历史性的，因为他有能力思考自己的过去，把自己与过去分开，并给自己一个未来。"[116] 但是，人的"历史性"常常化为"历史的重负"，历史学家的重要使命就是将人从这个重负下解放出来，使之面向未来进行自由思考、选择和行动。柯林武德说，一切历史都是思想史；克罗齐说，一切历史都是当代史；而尼采会说，一切历史都是未来史，至少是为了未来的历史：

拯救过去，把一切"过去是如此"变为"我要它如此的！"——这个我才称之为拯救！[117]

关于注解和翻译

《历史对于人生的利弊》是尼采的早期作品，属于比较有条理的论说文风格，还不是后来那类格言式汇编。不过，这部作品也不那么容易理解。书出版后不久，帮尼采誊录和校对的友人罗德就告诫尼采，他的写作风格对公众不太友好："你推论得实在太少，总要读者自己去寻找你的思想和句子之间的过渡，……而缺乏明确的关联。"用何兆武先生的话说，这

---

[116]　雷蒙·阿隆，《历史讲演录》，2016，第20页。
[117]　尼采，《查拉图斯特拉如是说（详注本）》，2014，第159页。

就是"喜欢用诗意的热情代替绵密的论证"。[118] 今天看来,《历史对于人生的利弊》确实"看不出统一的写作风格,学术讨论与题外话及激情洋溢的论战文字交替出现",并且使用了大量明典、暗典、今典、隐喻、反讽和戏仿。[119] 甚至有研究者批评,尼采"从未训练自己来为真实的公众写作,一个人必须在知悉了他的传记的大量内容之后,才不会对他有时仅仅是对知悉情况的内行所说的双关语按照字面意思来理解。……在尼采作品中有许多内容仅仅是个人的"。[120] 因此,尽管尼采自己写作不用脚注,似乎也反感注解:"比实际意味'更深刻地解释'一位作者的一段话的人并没有解释这位作者,而是遮蔽了他",[121] 但其实,他的大部分作品都需要进行详细的注解。

《历史对于人生的利弊》国内已出版过四个从德文直译的中译本,一个由英文转译的中译本。[122] 比较遗憾的是,这些

---

[118] 何兆武,《从思辨到分析:历史理性的重建》,北京大学出版社,2005,第172页。

[119] Barbara Neymeyr, *Kommentar zu Nietzsches Unzeitgemässen Betrachtungen: I. David Strauss der Bekenner und der Schriftsteller. II. Vom Nutzen und Nachtheil der Historie für das Leben*, 2020, pp.294-298.

[120] 阿瑟·丹托,《作为哲学家的尼采》,2021,第182—183页。

[121] 尼采,《尼采全集》第2卷,2011,第369页。

[122] 尼采,《历史对于人生的利弊》,姚可崑译,商务印书馆,1998;尼采,《不合时宜的沉思》,第二篇《历史学对于生活的利与弊》,李秋零译,华东师范大学出版社,2007;尼采,《尼采全集》第1卷,《不合时宜的思考》第二篇《论历史学对生存的利弊》,杨恒达译,中国人民大学出版社,2011;尼采,《尼采著作全集》第1卷,《不合时宜的考察》第二篇《论历史对于生命的利弊》,彭正梅译,商务印书馆,2023;以及尼采,《历史的用途与滥用》,陈涛、周辉荣译,上海人民出版社,2000。

译本大都没有注释或仅有极少注释，也没有适当的评介或提要。即使是根据尼采全集的"考订研究版"（KSA，简称"科利版"）迻译的"全集"本、"注疏"本，也大多遵照"考订研究版"编纂精神，在注释方面尽量少直接干预文本的理解，而是努力呈现文本本身的创作、编辑出版和接受过程，提供写作和编辑中产生的各种异文和作者参考资料的来源。读者（包括专业和非专业读者）要深入理解文本，依然缺乏足够的提示。

本书的注解工作，主要利用了尼采专家奈梅尔（Barbara Neymeyr）为《历史对于人生的利弊》做的提要和详注［收入海德堡科学院组织编写的《尼采评注集》（*Nietzsche-Kommentar*）第 1.2 卷］，并一一给出了页码范围。[123] 奈梅尔编写的详注，巨细无遗，相当出色，许多即使参考了多语种译本也难以彻底澄清的疑窦，参阅详注后即涣然冰释。然而，德文详注的一个最明显缺陷，也是篇幅过大，几近被注解文本的 10 倍，许多注解不如说是"相关研究资料汇编"，不宜亦不必全文照录，故本书做了大幅的节录和改编：一方面省略或纠正了详注中一些错误、穿凿之处；另一方面，太过间接、枝蔓、重复或存在疑议的部分内容，例如奈梅尔反复论述的叔本华哲学的影响、作品中出现人物的长篇介绍、尼采的阅

---

[123] Barbara Neymeyr, *Kommentar zu Nietzsches Unzeitgemässen Betrachtungen: I. David Strauss der Bekenner und der Schriftsteller. II. Vom Nutzen und Nachtheil der Historie für das Leben*, 2020, pp.255-620.

读史和藏书史，等等，亦在删削之列。总的来说，本书中文本和注释的篇幅大抵保持在 1:2 的比例，以能帮助普通读者理解原文，对专业读者略加提示，可供按图索骥为目的。此外，笔者以"译者注"的形式补充了一些注释，旨在揭示《历史对于人生的利弊》和西方历史哲学传统中其他文本（黑格尔、布克哈特等）存在更广泛深入的互文和对话，还插入了一些笔者研习尼采和历史哲学的鄙见。注释中涉及《历史对于人生的利弊》以外的其他尼采作品，以及其他西方文史哲经典，尽量使用了现有的权威译文，并采用了与导读不同的标注方式。至于文本的创作编辑过程中由于各种原因被否定或替换掉的段落，包括尼采的各次手稿、誊清稿或排印稿中的异文，除了关键的一二处外，基本不录，感兴趣的读者仍可参考利用了"考订研究版"的其他中译本（如商务印书馆的《尼采著作全集》）的相关注释。

本书的译文更多为注解服务。在翻译过程中，除根据《历史对于人生的利弊》德文原版进行翻译外，主要参考了以下比较权威的中外文译本：

1. Nietzsche, *Œuvres I, Considérations inactuelles II, De l'utilité et des inconvénients de l'histoire pour la vie, Texte traduit par Pierre Rusch*, Gallimard, 2000, pp.499-575.

2. ニーチェ，《ニーチェ全集》第 1 期，第 2 卷《反時代的考察；遺された著作(1872—73 年)》，大河内了義、三光長治、西尾幹二译，白水社，1980，第 115—212 页。

3. 姚可昆译本：《历史对于人生的利弊》（1998）。

4. 李秋零译本：《历史学对于生活的利与弊》（2007）。

　　法文是另一主要的欧陆哲学语言，且与德文有较大差异，伽里玛出版社的这个法文版偏于意译，逻辑十分清晰；而日文版有许多概念和表述可与中文互相参考，且译得相当谨严；姚先生和李先生的译本质量亦佳，唯有一些词句或完全遵从德文语序，不免生涩之感，译法也有些许可改善之处，但都有助于笔者反复斟酌疑难译文，修正最初的译稿。译注工作完成后，笔者又核对了相对晚近问世的杨恒达、彭正梅两位先生的中译本，自觉这两种译本虽各有优长，皆后出转精，但本书的译文也自有其参考价值。

　　书末附有与本书和尼采哲学相关的诸多研究文献，多数选自《尼采评注集》第1.2卷的书目，笔者参考的仅是其中极小一部分，愿为有志深入研究者提供一点资料。

　　最后须说明的是，笔者是历史研究者而非尼采研究者或哲学研究者，本书也主要将《历史对于人生的利弊》和尼采的历史哲学视为世纪之交、新旧时代之间一种极有特色的历史思想来看待，认为他的思考、他提出的问题，对当下也有一定的意义，为我们提供了一些重新进行思考的起点。这样一种对文本的特殊读法，恐怕难逃尼采的讥讽："最坏的读者像劫掠的士兵一样阅读：他们拿走对他们有用的一点东西，搞脏和弄乱其余的东西，毁掉整体。"[124] 毋庸置疑，本书的介绍和注解显然无法穷尽文本的意蕴，对于尼采这样有意追求非体系性、开放性、意义流动和多重视角的作者而言，尤其如此，笔者也绝不自认够格做尼采的"阐释者"。即使尼采使用的各种典故、隐喻、反讽和晦涩难懂之处，以及尼采的思想和灵感的来源，都得到了一定程度上的澄清，这也绝无法替代文本本身和对文本的阅读。这一艰巨而富有乐趣的任务，接下来我便交给本书的读者，至于书中必定存在的疏漏和错讹，自是笔者学识谫陋所致，敬祈读者批评指正。

---

[124] 尼采，《人性的，太人性的》第 2 卷，第一部分《见解与箴言杂录》，第 134 节。这里转引了田立年先生的译文，见施特格迈尔，《尼采引论》，2016，第 107 页。

历史对于人生的利弊

弗里德里希·尼采

1874 年

前 言 [1]

　　"此外，凡是单单教诲给我，却并不促进或直接激励我行动的事物，我都感到憎恶。"这是歌德的话，[2] 我们思考历史学（Historie）的价值和无价值，就以这句话开篇，如同那一句坚决的断言"此外，我认为迦太基必须毁灭"。[3] 在这一思考中

[1] 在《不合时宜的考察》已完成的四篇中，唯独《历史对于人生的利弊》有一篇纲领性的"前言"。（Neymeyr, 2020: 265-266）在前言中，尼采说明了他的思考之所以"不合时宜"（unzeitgemässe），乃源于他虽是"当今时代之子"，却又是"早先时代特别是希腊时代的学生"，所以，他由于当前时代普遍的"历史病"或者说"历史感"的泛滥而备感痛苦和煎熬。他的主旨是，若要从这种"历史病"中得到治愈，就必须反过来让"历史学服务于生活"。而这就必须借助"非历史"和"超历史"的力量，如遗忘、艺术、宗教等，尤其必须借鉴和进一步发扬古希腊式的健康教育和健康生活，见本书第十章末尾的"古今类比"。——译者注

[2] 出自歌德 1798 年 12 月 19 日致席勒的书信。歌德评论说，康德的《实用人类学》虽是一本很有价值的书，整体读来却并不让人振奋（erquicklich）。不过，若闲暇时细读数页，便觉胜义妙论，让人击节赞赏。接着他说："此外，凡是单单教诲给我，却并不促进或直接激励我行动的事物，我都感到憎恶。"（Neymeyr, 2020: 401）

[3] 原文为"Ceterum censeo"，据说老加图（Cato the Elder）力主彻底毁

应当阐述，为什么那些缺乏激励的教诲、弱化行动的知识，以及历史学这种昂贵的知识过剩和知识奢侈，我们必须——遵照歌德的建议——严肃地加以憎恶。这是因为，我们还缺少最必须的东西，而多余恰是必须的敌人。当然，我们需要历史学，但我们之需要历史学，绝不同于在知识花园里肆意倘徉的闲人，尽管他们也会对我们粗俗乏味的需求和窘迫不屑一顾。换句话说，我们需要历史学是为了生活和行动，而不是为了安逸地逃离生活和行动，甚或为了美化自私的生活和卑劣的行动。只有历史学服务于生活，我们才愿意服务于历史学。但是，从事历史研究倘若到了某一限度，对历史学的推崇倘若到了导致生活凋零和堕落的地步，那么，将这一现象作为我们这个时代的显著症候来加以了解，哪怕相当痛苦，却是十分必要的。

我将努力描述一种感觉，这种感觉时常把我折磨得不轻；我既然将之公诸于众，也算是报复了它。如果某个人读到这样的描述，也许会向我透露，他也熟悉这种感觉，而我的感

灭迦太基，确保罗马人在地中海世界的霸权。因此，他在罗马元老院的每一次演讲都以"此外，我认为迦太基必须毁灭"（Ceterum censeo Carthaginem esse delendam）的套语结尾。尼采在《人性的，太人性的》第1卷第436节也用过这一句话。（参见：尼采，《尼采全集》第2卷，2011，第188页。）尼采将歌德说的"凡是单单教诲给我，却并不促进或直接激励我行动的事物，我都感到憎恶"，比作老加图的"Ceterum censeo"，也就将之视为《历史对于人生的利弊》全篇的主旨：推崇追求行动、力量、创造的生活和生命本能，抨击敌视生命、贬低生命、否定生命的道德教诲（后来主要是基督教道德）。总之，评价历史学之"利弊"的标准，全在于此。——译者注

觉却还不够纯粹和原初，并且压根就不曾以经验应有的确定性和成熟性将它表达出来。或许一个或两个人会这么说。但是，多数人只会告诉我，这种感觉是完全颠倒的、不自然的、可鄙的，决不允许存在，甚至我由于有这种感觉而背离了一股历史学的强劲的时代潮流，数十年来它在德国人中相当得势。[4]既然我敢于挺身而出，如实描述我的感觉，与其说伤害了一般的体面，毋宁说促进了一般的体面，因为我提供了诸多的机会来为这样一股时代潮流说好话。对我来说，我收获的是比体面更珍贵的事物——坦然就我们的时代接受教诲并得到指正。

这一思考是不合时宜的，还因为我竟敢将这个时代引以为傲的事物——它的历史教育（ihre historische Bildung），[5] 在此解读为时代的弊端、残疾和缺陷，因为我甚至认为，我们

---

[4] 历史学在德国的兴盛，肇端于 19 世纪初的浪漫派运动，体现在各种重大的历史著述，文学史、哲学史和语言学史乃至史料汇编的繁荣上，亦体现为历史小说、历史叙事诗乃至新哥特式建筑风格的流行，其影响遍及欧洲，特别是法国和英国。尼采在 1873 年遗稿的一则笔记中还提到："每年出版的历史学著述有多少？还要算上几乎全部的古典学研究！此外，在几乎所有学术领域，和历史相关的作品也占据压倒性数量。"（Neymeyr, 2020: 402）

[5] Bildung 在尼采早期著作包括本书中频繁出现，在德语中也是一个内涵非常丰富的概念，既有狭义的教育（Erziehung）的意思，也有广泛的文化、教化、自我创化等意义。以下 Bildung 一概译为教育，以区别于 Kultur（文化）和 Gebildetheit（教养），尽管在某些语境里理解成"文化"更佳。（对这个词的理解和翻译问题，参见：尼采，《尼采著作全集》第 1 卷，2023，第 717 页。）——译者注

所有人都染上了一种令人精疲力竭的历史热病，我们好歹应该看清这一点。[6] 歌德不无道理地指出，人们在培养自身德性的同时也滋长了自身缺陷，[7] 而众所周知，一种过分的德性——我以为这个时代的历史感（der historische Sinn）就是如此——祸害一个民族的程度绝不亚于一种过分的恶习。[8] 由此看来，不妨放手让我施为。为了减轻我的罪责，我还得坦白：引发

---

[6] 尼采在《瞧，这个人》中回顾《不合时宜的考察》第二篇即《历史对于人生的利弊》时提到："在这篇论著中，这个世纪引为骄傲的'历史意义'，首次被认作病态的，被认作沉沦的典型标志。"（尼采，《瞧，这个人——人如何成其所是》，2016，第83—84页。）"历史意义"即此处的"历史感"（der historische Sinn）。（Neymeyr, 2020: 404）

[7] 出自《歌德自传：诗与真》第3部第13卷："可是敏感的青年最感到苦恼的，就是自己失德的不断再现。因为到了后来年长一点，我们悟到一方面培养自己的德性，而同时自己的弱点也与之俱长。德性根植于弱点之上，后者暗地里向四面八方散布它的强密的根茎，正如前者之在光天化日之下开枝发叶那样。因为我们大抵以意志和意识实践德性，而无意识地为过失所袭，故德行很少使我们有多少的喜悦，而失德倒常为我们的苦恼之源。这点是自知的最困难之点，甚至使自知成为不可能。"[歌德，《歌德自传》（下），思慕译，生活·读书·新知三联书店，2014，第850—851页。]（Neymeyr, 2020: 403）

[8] 关于作为一种病态的"历史感"（一译"历史意识"），又见于尼采《快乐的科学》第337节："当我以某个遥远时代的眼光来审视我们这个时代时，我发现，除了其特有的德性和病态，即所谓的'历史感'，我无法在当代人身上找到任何更值得注意的东西。"他还指出："历史感还是某种十分贫困和冷酷的东西，它就像一种严寒侵袭许多人，使许多人变得更贫困和更冷酷。对于其他一些人，它表现为一种悄悄接近的老年的征兆，我们的星球被他们视为一个忧伤的病人，这个病人为了忘掉自己的当前而为自己写下自己青春的历史。"（尼采，《快乐的科学》，2022，第284—285页。）——译者注

我这种痛苦感觉的经验，大部分源于我自身，只是为了比较，才取自其他人；还因为我是早先时代特别是希腊时代的学生，却又是当今时代之子，我身上才会有这样不合时宜的感受。[9] 我以古典语文学为业，所以必须允许我做出如上声明：因为我不知道，古典语文学除了在这个时代不合时宜地产生影响——也就是忤逆这个时代，从而影响这个时代，并且希望有利于将来的时代，还能有什么其他意义。[10]

---

[9]　关于"不合时宜"的感受，尼采在晚期著作中有更明确的描述："我鄙视什么，我鄙视谁？我毫不怀疑：就是今天的人，我不幸我他们生活在同一时代。……跟所有的认识者一样，我对过去时代总是充满了宽容，或宽宏大量的自制，……但是，一旦走进现时代，走进我们的时代，我的感觉就骤然突变，不可遏止。"（尼采，《敌基督者》，吴增定、李猛译，生活·读书·新知三联书店，2017，第50页）——译者注

[10]　前言点明了尼采在本书中着眼于"未来"的发展，但他也期待自己的职业也就是古典语文学也能为此做出贡献，详见本书第十章，尼采将当前时代的问题与古希腊时代做了类比，认为古希腊人摆脱历史学病的方式为现代人树立了典范。尼采对当前时代的文化采取了一种"不合时宜"的批判态度，可以追溯到叔本华的影响。在《不合时宜的考察》第三篇《作为教育者的叔本华》中，尼采提到："哲学家必须在与其他时代的比较中来评价自己的时代，要在他自身之中克服现时代的不足"，而"叔本华的作品可以被用作时代的镜子"，从中看出"一切合乎时宜的东西显现为丑陋的病态，显现为羸弱和苍白，显现为深陷的眼眶和疲惫的面容"，所以尼采要解释"我们如何在叔本华的帮助之下教育我们自己，抗拒我们的时代"。（尼采，《尼采著作全集》第1卷，2023，第409—413页。）在晚期著作《瓦格纳事件》中，尼采也强调："一个哲学家最初和最终要求自己什么呢？就是要于自身中克服他的时代，成为'无时代的'。"（尼采，《瓦格纳事件　尼采反瓦格纳》，2011，第5页。）（Neymeyr, 2020: 405-407）

一

观察一下从你身边悠然经过、埋头啃食的畜群：它们不知有昨日，不知有今日，四下撒欢，进食，歇息，消化，又跃起，如此朝朝暮暮，日复一日，同自身的欢快和不快短暂地绑缚在一起，被拴在了"此刻"这根木桩旁边，所以它们乐此不疲。[1]目睹此景，人类感到难受，因为他们在动物面前夸耀自己的人性，却又妒忌动物们的幸福——因为人类企求快乐，渴望

---

[1] 尼采对动物的这段描述较多受到叔本华的影响。叔本华在《作为意志和表象的世界》中多次提到，人的意识和动物意识的区别，在于人具备"反省思维"："由于这一区别，人在地球上所作所为才如此的不同于那些无理性的兄弟种属。人在势力上超过它们，在痛苦上人也以同样的程度超过它们。它们只生活于现在，人则同时还生活于未来和过去。它们只满足当前的需要，人却以他机巧的措施为将来做准备，甚至为他自己看不到的时代做准备。它们完全听凭眼前印象摆布，听凭直观的动机的作用摆布；而规定人的却是不拘于现前的抽象概念。""动物还只有直观的表象，没有概念，没有反省思维，因此它们是束缚在'现在'上的，不能顾及将来。"（叔本华，《作为意志和表象的世界》，2018，第70、216页。）（Neymeyr, 2020: 408-410）

像动物一样活得不知疲惫、毫无痛苦。然而，他们徒劳无获，只因他们并不能像动物那样欲求幸福。或许人也问过动物：你为何不向我谈一谈你的幸福，只是瞪着我沉默不语？动物会想回答这个问题说：因为我总是马上就忘掉我要说的话。此刻，它就忘记了这个回答并保持沉默：徒留下人为此惊奇不已。

只是人也惊奇于自己无法学会遗忘，每每执着于过去：无论他跑多远，跑多快，总是拖着这一枷锁。[2] 这一刹那，倏忽而至，倏忽而逝。这一之前是一片虚无，之后亦然。唯有这一刹那仿佛鬼魂一般再次出现，扰乱下一刹那的宁静。从时光的书卷中，总有一页不断脱开，掉落，飘去——忽又飘回，坠在人的膝上。于是，人说："我记起来了"，并嫉妒动物，因为动物即刻就遗忘，眼看着每一刹那彻底消逝，没入雾气和黑夜，永远断灭。因此，动物是非历史地活着的：它如同一个数，被当下除尽，不余任何畸零的分数，它不懂得伪装和遮掩，时时刻刻都以完整的本来面目示人，所以，它是再实诚

---

[2] 尽管时间意识的连续性是人和动物之间的重要差异，但动物因善忘而幸福，人因记忆、历史感、理性的枷锁而痛苦，就此而言，人又并未超出动物太多。尼采在《人性的，太人性的》第 2 卷第 350 节也讲道："人身上捆着许多链条，因而他不再做出动物的举动：他变得比所有动物都更温和、更有教养、更快活、更审慎。不过如今他确受苦匪浅，如此长久地戴着他的锁链，如此长久地缺乏纯净空气和自由行动：可是这些锁链是……道德观念、宗教观念、形而上学观念中那些重大而有意义的谬误。只有当这种锁链病也被克服的时候，第一大目标才真正实现：人从动物中脱离出来。"（尼采，《尼采全集》第 2 卷，2011，第 471 页。）（Neymeyr, 2020: 412-413）

不过了。相反，人却要背负着愈来愈沉重的过去：它让人垂头弯腰，东倒西歪，仿佛无形而阴暗的包袱，压得人举步维艰，表面上他有时能否认这一点，尤其是在与同侪打交道时，他巴不得否认这一点，好让他们嫉妒不已。[3] 因此，看到吃草的畜群，或看到身边更近的孩童，孩童还没有什么过去需要舍弃，只顾嬉戏于过去和未来的篱笆间，陶然自足，人就受到了触动，仿佛忆起了失去的伊甸园。不过，孩童的嬉戏注定好景不长：他会过早地被从遗忘中唤起。然后，他学会了理解"曾经有"这句话，这个裹挟着挣扎、苦难和倦怠袭向人的口号，为的是提醒人，他的人生此在（Dasein）到底是什么——是一个永远不能完成的过去时。[4] 如果说死亡最终带来了人所渴望的遗忘，死亡同时也夺去了人的现在和此在，从而使人深刻认识到，所谓此在，无非一种不间断的曾在（Gewesensein），要靠自我否定、自我消耗、自我矛盾，才能生活。

如果一种幸福，或者一再追逐新的幸福，在某种意义上

---

[3]　时代晚于尼采的文德尔班对于历史施加给人类的重负，持有比尼采更加乐观的态度，他承认"人是有历史的动物"，人的文化生活是"世代相承愈积愈厚的历史联系"，因此"人类必须背起巨大的历史书包"，可是"当这个书包在时间历程中变得愈来愈重，令人感到背不动的时候，将来的人是不会没有办法慎重地在无伤宏旨的范围内把它减轻的"。（何兆武主编，《历史理论与史学理论：近现代西方史学著作选》，2021，第409页。）——译者注

[4]　尼采用语法上的过去时（Imperfectum）即表示某事已经过去但尚未结束的时态来比喻人的存在，也就是说，人的存在是一种未曾完满且无法完满的存在。（Neymeyr, 2020: 415）

是将生者拘束在生活中，并驱策他去生活的动力，那么，犬儒主义者兴许就比任何哲学家都更高明：动物作为彻头彻尾的犬儒主义者，它的幸福生动地证明了犬儒主义多么正确。微末的幸福，只要能一直持续并带来愉悦，就连极致的幸福也难以相提并论，倘若这极致的幸福只是夹在纯粹的不快、渴求和匮乏之间的一曲间奏，仿佛一时兴起，突发妙想。[5] 不过，无论微末的幸福还是极致的幸福，总是同一种事物使幸福成其为幸福，那就是能够遗忘，更学究气的表述则是：在自我存续期间非历史地进行感觉的能力。一个人倘若不能安于当下，忘掉所有过去，若是他不能像一尊胜利女神一样头不晕心不跳地立在一个点上，[6] 他将永远不会懂得何谓幸福，更糟

---

[5] 叔本华的悲观主义哲学认为："任何人生彻底都是在欲求和达到欲求之间消逝的。愿望在其本性上便是痛苦。愿望的达到又很快地产生饱和。目标只是如同虚设：占有一物便使一物失去刺激：于是愿望、需求又在新的姿态下卷土重来。要不然，寂寞，空虚无聊又随之而起；……［只有］愿望和满足相交替，间隔不太长亦不太短，把两者各自产生的痛苦缩小到最低限，［才］构成最幸福的生活过程。因为人们平日称为生活中最美妙的部分，最纯粹的愉快的，——这又只是因为这种愉快把我们从现实生存中拨了出来，把我们变为对这生存不动心的旁观者了——也就是纯粹的，和一切欲求无关的认识，美的欣赏，艺术上的真正怡悦等，只有少数人才能享受，……而就是在这些少数人，这也只是作为过眼烟云来享受的。"（叔本华，《作为意志和表象的世界》，2018，第427—427页。）——译者注

[6] 在古典神话形象中，胜利女神并不"立在一个点上"，希腊神话中的命运女神堤喀（Tyche），即罗马神话中的福尔图娜（Fortuna）在雕塑或绘画中有时则立于一圆球之上，表示命运的不稳定、变幻无常，尼采将两个神话联系了起来。（Neymeyr, 2020: 417）

的是，他永远不会去做任何使他人幸福之事。试想一个极端的例子，某人完全缺乏遗忘的能力，目之所至，无处不是"生成"（Werden）：这种人不再相信自身的存在，不再相信自己，他眼见万物皆流散不居，便在这"生成"之川中迷失了自己：他就像赫拉克利特（Heraklit）的真正门徒，自始至终都不敢抬一下手指。[7] 人的所有行为皆要伴随遗忘：恰似一切有机物的生命不仅需要光，也需要暗。如果一个人始终只想历史地感觉一切，那就好比一个人强迫自己不得入眠，或者好比一只动物只能依靠反刍和不断反刍来生存。因此，不带任何记忆而生活是可能的，还能活得很幸福，动物就是证明；然而，根本不带遗忘的生活是全然不可能的。[8] 或者，讲得更直白一些：不眠、反刍、历史感，都存在一个度，过了这个度，生

---

[7] 指亚里士多德在《形而上学》中总结的赫拉克利特的教义："一切可感觉的事物永远在流变之中，对事物的认识是不可能的。"（亚里士多德，《形而上学》，吴寿彭译，商务印书馆，1959，第16页。）尽管尼采在《悲剧的诞生》和《希腊悲剧时代的哲学》中对赫拉克利特有正面评价，此处论及"生成之流"却含有批判之意，认为是沉溺于"历史学"所致。（Neymeyr, 2020: 417）

[8] 后来，在《论道德的谱系》中，尼采更是明确将"健忘"和"记忆"皆视为人类健康生活必不可少的能力，人类尤其是一种"必然健忘的动物"，因为"健忘……毋宁说是一种积极的和肯定的阻碍机能，亏得这个阻碍机能，只要是被我们体验、经验和吸收了的东西，就处在消化状态，很少进入我们的意识"，由此为更加积极的"治理、预见、谋划"腾出空间。所以，尼采认为，积极的健忘"仿佛一位守门人，灵魂秩序、安宁和礼节的一位维护者，……没有健忘便可能没有幸福，没有明朗，没有希望，没有自豪，没有当前"。（尼采，《论道德的谱系》，2018，第56—58页。）——译者注

者就会遭到损害，最终趋于灭亡，不论是一个人、一个民族
或是一种文化，皆在劫难逃。

　　为了确定这个度，并通过这个度来设定一个界限，到了
这个界限，过去就必须被遗忘，以免过去埋葬掉现在，那么
我们就必须确切地知道，一个人、一个民族、一种文化具备
多强大的塑造力（die plastische Kraft），我是指，这种力量独
特地发轫于自身，改造并摄取过去的和异己的事物，愈合创伤，
补全损失，自身重新塑造破碎的形式。[9] 有些人不大具备这种
能力，只要经历一次，受苦一次，甚至经常是轻微地受一次欺
侮，他们就像是因为一道极小的伤口而不可治愈地流血致死；
相反，还有些人，面对最狂暴、最骇人的生活变故，甚至他们
躬亲引发的恶业，也几乎无动于衷，在事故发生时或过后不久，
他们就能回复到悠然自适，波澜不惊。一个人最内在的天性，
其根系越茁壮，他就越能从过去摄取更多，或攫取更多；试
想一下最强大、最可怕的天性，它可以从以下特征得到辨认：
它的历史感缺乏任何界限，只要过了这个界限，历史感就会

---

[9] "塑造"的概念或许来自席勒，席勒在《秀美与尊严》一文中提到："人
的可塑的自然（本性）具有无限丰富的弥补疏忽和纠正它自己的失策的
内在方法，只要道德精神在创造性的事业中维护它，甚至不搅扰它。"（席
勒，《审美教育书简》，张玉能译，译林出版社，2012，第 248 页。）布克
哈特在《意大利文艺复兴时期的文化》中也将"塑造力"视为恢复"内
在的和谐每一次遭破坏"，达成自我统一的能力。（参见：雅各布·布克
哈特，《意大利文艺复兴时期的文化》，何新译，商务印书馆，1979，第
482 页。）（Neymeyr, 2020: 418）

产生芜蔓、有害的影响;它会把过去一切,自己的抑或异己的,都引向自己,融入自己,仿佛把它们转化成自身血液。凡是这样一种天性所无法征服的事物,它就善于将之遗忘;事物干脆消失了,视域整个封闭起来了,没什么再能提醒它,在这一视域之外还存在人、激情、学说和目的。[10]一条普遍规律乃是:每种生命唯有在一定的视域范围内才能是健康、壮硕和繁殖力强的;如果它不能围绕自己划定一个视域,或反之,如果它太自我中心,不能把自己的目光封闭在某个异己的视域之中,那么,它就会虚弱无力,或很快夭折。开朗、善的良知、快乐的行为、对未来者的信赖——这一切,就个人和民族而言,都取决于是否存在一条界限,将显见的、明朗的事物同晦涩的、阴暗的事物区分开来,取决于他们是否会在适当的时机遗忘,并在适当的时机回忆起来,取决于他们是否以强大的本能察觉到,什么时候必须历史地(historisch)去感觉,什么时候必须非历史地(unhistorisch)去感觉。这就是请读者诸君思考的命题:非历史的事物和历史的事物,对于一个个人、一个民族和一种文化的健康同样必不可少。[11]

---

[10] "视域"(Horizont)一词是 17 世纪以降出现的,原指一种受到限制的视力范围。尼采赋予了"视域"一种积极的作用,人若不因历史学的泛滥而被吞没,则一定的、有限的"视域"可以起到积极作用。(Neymeyr, 2020: 419)

[11] 尼采在本书末尾才给出了"非历史"的简洁定义:"能够遗忘、将自己封闭在有限视域中的技艺和力量。"见本书第十章。斯宾格勒在《西方的没落》导言中区分说:"一个人在生活中经常感觉自己的生活就是一

这里，每个人首先都会有如下的观察：某一个人的历史知识和感觉想必十分有限，他的视域如同阿尔卑斯山谷的居民一样狭窄，他的每一个判断或许都有不公正，他的每一次经历或许都会犯错，误以为自己是第一个有这经历的人——尽管有这一切不公正、一切错误，他依然以不可屈服的健康和活力挺立着，赏心悦目；而就在他旁边，那个更加公正、更有学识的人却体弱多病，日渐憔悴，只因他视域的界线总在局促不安地移动，只因他无法挣脱自己那张细密的正义和真理之网，重新产生粗犷的意志和欲求。与之相反，我们还看到一种动物，它全无历史感，几乎安身在一个点状的视域之中，却活得颇为快乐，至少不会厌倦、不必伪装；所以，我们必须把在一定限度内非历史地感觉的能力，看作更重要、更原初的能力，因为它蕴含着一个基础，某种正当、健康和伟大的事物，某种真正人性的事物，就是首先从这个基础上生长起来的。非历史的事物，有点像覆盖在外面的大气层，生命只能在其中孕育，而随着这个大气层的破灭，生命复归虚无。诚然，只

种千年万载绵延不绝的、更为广阔的生活历程的一部分，或者以为自己就是圆满的、独立自足的，这当中的区别是很大的。对于后一种想法，当然就无所谓世界历史，无所谓作为历史的世界了。假如全民族的自我意识，假如一种文化奠基在这样一种非历史的精神上面，那将出现一种什么局面呢？"（奥斯瓦尔德·斯宾格勒，《西方的没落》，齐世荣等译，商务印书馆，1963，第20页。）斯宾格勒接下来将古希腊人无时间性的世界意识和现代西方的历史意识进行了对比，显然是受到了尼采区分"历史的"与"非历史"的影响。——译者注

有通过人类思考、反省、比较、区分、综合去限制住这种非历史因素，只有通过从围绕在外面的云雾中闪出一道明亮耀眼的光，也就是只有通过能够用过去服务于生活，从已发生的事件中创造出历史，人才成其为人。但是，历史学一旦过度，人就不再是人了。若是没有非历史事物的那层遮护，人永远不会也不敢迈出第一步。[12] 倘若不事先进入非历史事物的那层云雾，人类在哪里还能找得到他们力所能及的事业？或者，撇开图像不谈，用一个事例来讲清楚：想象一下，有一个男子，他为一种强烈的激情所倾倒，所牵引，不论是因为痴心某个女子或是沉醉于某个伟大的思想，他的世界会怎样地翻天覆地！回首往事，他感到无所适从；侧耳倾听，他所闻皆陌生的事物，如同一种沉闷的、空洞的声响；他此前从未像现在这样感知过这一切；如此切近，如此多彩，如此鲜亮，仿佛他用全部感官同时把握住了它。一切价值评价都变味了，贬值了；有太多事物他再也无法欣赏，因为他几乎无法对之有所感觉：

---

[12] 尼采在《悲剧的诞生》中已经提出，生命意志、人生此在的痛苦和可怕的一面，使得生活必须为自身营造一种"有力的幻觉和快乐的幻想"，才能延续下去，才能战胜"那种可怕而深刻的世界沉思和极为敏感的受苦能力"。相反，不知餍足的、只承认理性和因果性的求知意志，将会削弱生命力、行动力和创造力，"认识扼杀行动，行动需要幻想带来的蒙蔽"。尼采还将能遮护生命同时限制生命视野的能力称为"神话"："要是没有神话，任何一种文化都会失去自己那种健康的、创造性的自然力量：唯有一种由神话限定的视野，才能把整个文化运动结合为一个统一体。"（参见：尼采，《尼采著作全集》第 1 卷，2023，第 37—39、63、170 页。）——译者注

他扪心自问，自己是不是长久以来被他人的言辞、他人的观点所愚弄；他搞不清楚，为什么自己的记忆永无止歇地原地转圈，而又过分羸弱和倦怠，无法跳出这个圈子一步。这是世上最不义的状态，偏狭，对过去不知感恩，对危险视而不见，对告诫充耳不闻，只是暗夜和遗忘的死亡之海中一个活着的小小漩涡：然而，正是这样一种状态——全然是非历史、反历史的——不仅孕育了不义的行为，更孕育了一切义行；要是不先在这样一种非历史的状态中渴望和拼搏一番，没有哪一个艺术家能完成他的画作，没有哪一位统帅能赢得他的凯旋，没有哪一个民族能获得自由。用歌德的话说，行动者总是没有良知的，所以他也无知无识（wissenlos），[13] 他为了一件事忘记了多数事，他看不上已经抛在脑后的事物，只承认一项权利，即现在应当生成的事物的权利。因此，任何行动者对自身行为的热爱，要远远超过这种行为值得热爱的限度：而最好的行为恰是在如此泛滥的爱中完成的，以至不管它们的价值大得多么不可估量，无论如何它们肯定不配得到这种程度的爱。

倘若一个人能够在众多情形中嗅得出、呼吸得到这个非历史的大气层（一切伟大历史事件皆发端其中），那么，这样一个人，作为能认知的存在者，或许能够将自己提升到一种超历史（überhistorisch）的立场上去，尼布尔曾经将它描述成历

---

[13]　出自歌德《格言与反思》："行动者总是没有良知的，没有人像观察者那样有良知。"本句中的"良知"（Gewissen）和"知识"（Wissen）源自同一词根"知"（wissen）。——译者注

史的沉思可能达到的境界。他说："至少在一点上，清晰而详尽地把握历史是有益的：就是让人们了解，哪怕我们人类当中最伟大、最高贵的人物也不明白，他们的眼睛是如何偶然地得到他们用来观看又强迫要求人人都用来观看的形式，说是强迫，乃是因为他们意识的强度格外地大。倘若一个人不能十分确切地且在众多情形中认出这一点，领会这一点，就会因为一个强大人物的出现而俯首称臣，这个人物将至高的激情以给定的形式展现出来。"[14] 这样一种立场，不妨称为超历史的立场，[15] 因为，秉持这一立场之人，由于他看清了，一切事件发生的一个前提乃是行动者灵魂中的盲目和不义，当然不会再受到任何诱惑去靠历史继续生存并与历史合作；他被治愈了，从此不再过分严肃地对待历史学：只要他从每个人、从每一段经历，从希腊人或土耳其人那里，从 1 世纪或 19 世纪的某一时刻，学会回答这个问题：怎样生活和为什么而生活。谁去问问自己的熟人，他们愿不愿意把过去的十年或二十年重新生活一遍，谁就能轻易看出，其中哪些人已经准备好接受这一超历史的立场。或许他们都会回答说"不！"，但是，他

---

[14]　尼布尔（Barthold Georg Niebuhr，1776—1831），19 世纪德国著名的古罗马史学家，与兰克和蒙森（Theodor Mommsen，1817—1903）齐名。引文出自《密友回忆及本人书信中的尼布尔生平事迹》第 2 卷，1848，第 480 页。（Neymeyr, 2020: 422）

[15]　尼采在本书末尾给出了"超历史"的简洁定义："我用来称呼这样一种强力，它把目光从'生成'移开，转向赋予人的生存以永恒一类特性的事物，即艺术和宗教。"见本书第十章。——译者注

们为各自的"不"辩解的理由却不一样。有些人大概会以此自我宽解:"可未来二十年会更好";这就是大卫·休谟(David Hume)讥讽过的那种人:

> 指望从生命的渣滓中收获,
>
> 那最初的奔涌不能给予的事物。[16]

我们不妨称他们为"历史的人";瞥一眼过去,他们便被驱赶向未来,从此平添了几分继续生活的勇气,燃起了他们的希望,以为正义终将降临,幸福就在他们昂首迈向的那座山的背后。这些历史的人相信,此在的意义将在一个过程的展开中愈加显现出来;[17]他们回顾历史,仅仅是为了通过观察迄今为止的过程来理解现在,并学会更加热切地企盼未来;他们全然没有意识到,尽管他们坐拥历史学,他们却是如此非历史地思考和行动,也没有意识到,他们眷顾历史,本不为纯粹求知,只为生活。

---

[16] 休谟在《自然宗教对话录》中转引的英国作家德莱顿(John Dryden)戏剧《奥朗则布》中的诗句。(Neymeyr, 2020: 422-423)

[17] 尼采说的"历史的人"对"过程"的信仰,不仅是指黑格尔、哈特曼哲学对"世界进程"的重视(见第八、九章),一定程度上也符合"历史主义"的基本倾向,即否定启蒙思想中那种永恒、普遍的人性,认为一个个人乃至一个民族的特性仅通过自身发展的历史过程展现出来。(参见:格奥尔格·G. 伊格尔斯,《德国的历史观》,2021,第10页。)——译者注

　　不过，对于这个问题，我们虽然听过了第一种回答，其实还能有另一番回答。答案依然是"不！"，只是这个"不"是基于不同的理由。超历史的人回答说"不"，因为他们不指望从过程中寻求救赎，对于他们来说，世界在每时每刻中都已完结，抵达了它的彼岸。未来的十年岂能带来什么过去的十年都不曾带来的教益！[18]

　　那么，这一学说的寓意究竟是幸福还是断念，是德性还是悔罪？在这一点上，超历史的人从未达成过一致；但是，同所有对过去进行历史观察的方式对立，他们在这一命题上是完全一致的：过去和现在是同一的、无差别的，也就是说千变万化不离其宗，月映万川却同为一月，终归是那个价值不变、意义恒定的静止实在。[19]就如同语言虽有成百上千种，对应

-----

[18]　"超历史的人"认为"世界在每时每刻中都已完结，抵达了它的彼岸"，因而不再指望从过程、未来中寻求救赎和此在的意义。由此隐约可见尼采后期"永恒轮回"和"超人"学说的影子："永恒轮回"学说教导，任何发生过的事物，都已经无数次发生过、完成过、消逝过，又将以精确的方式无数次重复自身，"一切事物永远回归，我们也包括在内，我们已存在过无数次了，一切事物也跟我们一起存在过"。（参见：尼采，《查拉图斯特拉如是说（详注本）》，2014，第262页。）设想我们以同样的方式生活过无数次的目的，就是拒斥任何外铄于人生的所谓进程、结果、目的，也就是在此刻中肯定自我，完成自我的超越。——译者注

[19]　在奈梅尔看来，此处尼采认为，"超历史的人"在过去和现在看到的都是不朽类型的各种化身，或是来自布克哈特《世界历史沉思录》的启发。（Neymeyr, 2020: 424）不过，这种启发更可能来自叔本华对超越历史的哲学的看法。在叔本华看来，哲学应该把握普遍性、本质性的东西，历史则"在每一页都只显示着在不同形式之下同样的东西。但谁要是无法认出藏在这某一形式下的同样的东西，那他就算看遍所有的形式，也难

的人类需求却是同一不变的类型，某人一旦理解了这些需求，一切语言就不会再向他提供任何新知；同理，对诸民族和诸个体的历史，超历史的思想者一律从内部加以烛照，他能一眼洞穿各种象形文字的原始意义，甚至渐渐地看厌了不断涌现的新文字符号：因为，对于无限丰溢的事件，他怎能不感到餍足乃至厌烦！到头来，最大胆的人也许会附和贾科莫·莱奥帕尔迪的内心自白：

> 一切生命皆无足感慨，
>
> 地球亦不值一声喟叹。
>
> 吾等之生存殆即痛苦与倦怠，
>
> 大千世界无非粪土。
>
> 毋庸苦恼。[20]

不过，且让超历史的人留着他们的烦恼和智慧：如今，

以达致对这同样的东西的认识"。因此，真正的历史哲学要"着眼于永远存在的，而不是永远在形成、在消逝之物"，应该在"所有事件中都认出那同一性的东西"。（参见：叔本华，《作为意欲和表象的世界》第 2 卷，韦启昌译，上海人民出版社，2022，第 543—547 页。）——译者注

[20] 出自 19 世纪意大利著名浪漫主义诗人贾科莫·莱奥帕尔迪（Giacomo Leopardi，1798—1837）的《赠己诗》，尼采私人藏书中就有罗伯特·哈默林所编的《莱奥帕尔迪诗集》（1866）。他很可能是通过叔本华对莱奥帕尔迪产生兴趣的，叔本华在《作为意志和表象的世界》中提到过这位诗人，赞赏其对人生的悲观描画，但后来尼采疏远了他们的悲观主义立场。（Neymeyr,2020:425-426）

我们要为自己的不智而欢欣，我们是作为积极有为的人、仰慕过程的人来享受美好的日子。纵然我们对历史的推崇是一种西方的成见；但只要我们多少在这些成见中持续进步，而非停滞不前！[21] 只要我们越来越好地理解历史，懂得为了生活而研习历史！这样一来，我们便愿意向超历史的人承认，他们比我们拥有更多的智慧；只要我们能够确信，我们比他们拥有更多的生活，于是乎，无论如何，我们的不智要比他们的大智更有前途。为了彻底澄清生活与智慧之间这种对立的意义，我将诉诸一种自古以来屡试不爽的方法，简单明快地抛出若干论点。

某一历史现象，一旦得到纯粹和完善的认知，并化约为一种认知的现象，那么，对于认知了它的人来说，它就已经死亡。因为，人在这一现象中看到了妄想、不义和盲目的激情，看到了这一现象的那一层昏暗的尘世视域，同时也认识到了它蕴含的历史性强力。如今，对于作为认知者的他，这种强力已经变得无力了；然而，对于作为生活者的他，这种强力或许并不无力。

---

[21] 尼采说这种对历史的推崇是一种"西方的成见"，暗示了一种与东方或远东的历史观念的对比。尼采批评那个时代的历史学过度，仍肯定历史学为生活服务的积极功用。这与叔本华倾向佛教学说、主张否定生命意志完全相反，佛教思想对此世的生存持否定态度并认为涅槃才是人生圆满。尼采深受叔本华的影响，在《历史对于人生的利弊》《作为教育者的叔本华》诸篇中灼然可见，但是，在对历史的这一态度上，二人是相左的。（Neymeyr, 2020: 428-429）

把历史当作一门纯粹的科学，让它超然自主，对人的生活将是一场终结和清算。相反，历史教育唯有追随强劲的、新的生命之流（例如不断新生的文化），换言之，唯有在它受到更高力量的支配和引导，而不是纵容它自己支配和引导的情况下，才是有益健康和前景光明的。

历史学，只要它服务于生活，就是服务于一种非历史的强力。既然历史学处于这种从属关系之中，那就永远不可能也不应该成为一门纯粹科学，比如说数学。不过，生活究竟需要历史学为它效劳到什么地步，这是关系到一个人、一个民族、一种文化是否健康的问题，至关重要，最须操心。因为，一旦历史学过了度，生活就会崩坏和堕落，最终拽着历史一起崩坏和堕落。

二

　　诚然，生活需要历史学为之服务，后面还将证明，过度的历史学也会伤害生者，这两个命题都必须加以清晰地把握。从三个方面来看，历史学本就是生者的题中之义：生者作为行动者和奋斗者需要历史学，他作为保全者和景仰者需要历史学，他作为受难者和亟须解放者也需要历史学。这三种关系对应三个种类的历史学，姑且分为纪念式历史学、好古式历史学和批判式历史学。

　　行动者和强力者首先需要历史，他正在从事一场伟大的斗争，他渴求垂范、导师和慰藉，却在同伴中或在当下求之不得。历史之于席勒正是如此：因为歌德说过，我们的时代是如此恶劣，这位诗人从周围的人类生活中再也遇不到任何有益的人物。[1] 至于行动者，波利比乌斯把政治史称为治理一个国

────────────

[1] 出自德国诗人艾克曼（Johann Peter Eckermann，1792—1854）的《歌德谈话录》1827 年 7 月 23 日："曼佐尼和席勒一样是天生的诗人。可是由于我们的时代太坏，诗人在周围的生活环境中无用武之地。为了提高自

家的恰当准备，是最出色的教师，因为政治史通过铭记他人的成败，告诫我们坚强地忍受命运之无常。[2] 凡懂得历史学这一方面意义的人，必定不乐意看到猎奇的观光客或苛细的考据家在宏伟的往事金字塔上爬来爬去；这是他寻觅榜样和进步动力的地方，他不希望遇到闲散的游人，这些人只是来找乐子，好似在堆积如山的名画中闲庭信步。行动者，置身于懦弱颓唐的闲人当中，又被貌似有为、实则浮躁的伙伴包围着，为了不至沦于沮丧和厌烦，他回头向后张望，停下直奔目标的脚步，好喘一口气。但是，他的目标总是某种幸福，未必是他自身的幸福，往往是一个民族或者整个人类的幸福；他不愿听天由命，并用历史学作为反抗认命的手段。[3] 在多数情况下，他不会获

己的思想境界，席勒做了两件大事：学习哲学和历史。而曼佐尼只做了一件大事：学习历史。"（艾克曼，《歌德谈话录》，洪天富译，译林出版社，2002，第288页。）（Neymeyr, 2020: 432）

[2] 波利比乌斯（Polybius，约前200—约前120），出生于希腊的古罗马史家，著有40卷《通史》，其中约有三分之一残存至今。波里比乌斯在他的历史著作中不仅描述了罗马的征服战争，也对政体形式和史学理论进行了反思。不过，波利比乌斯主张"历史学家不当用惊奇故事来震撼读者，……不应给事件添油加醋，而是仅仅要报告真实的行为和言论"，因此波利比乌斯相信历史的教训对于政治有益，但这种客观主义的历史观念与尼采的历史观念迥然有别。（Neymeyr, 2020: 433）

[3] 行动者力图通过纪念式历史、历史上的伟人来逃避和反抗的所谓"听天由命"（Resignation，又译为"无欲""清心寡欲"），是叔本华悲观主义哲学的一个重要概念。叔本华认为，"无欲是［人生的］最后目的，是的，它是一切美德和神圣性的最内在本质，也就是从尘世得到解脱。"（叔本华，《作为意志和表象的世界》，2018，第219页。）尼采对此持批评态度，他在为《悲剧的诞生》新版增补的序言《一种自我批评的尝试》中表示：

得奖赏，除非是声誉，即在历史学的殿堂中有一席之地的候补权利，在那里，他本人就能成为后来者的师范、慰藉和告诫者。因为他的训诫就是：那些曾经能够将"人"这一概念拓展得更广、更好地充实这一概念的事物，就必须永恒地存在，以便能够永远做到这一点。[4] 诸多个人奋斗的伟大时刻构成了一个链条；由此，人类的峰峦历经千年彼此相连；[5] 而对我来说，这样一个时刻，即便逝去了很久，其巅峰状态依然鲜活、明亮和伟大——这就是人道信仰的思想基础，它体现在对纪念式历史学的要求上。然而，恰恰是这一"伟大者当不朽"的要求，燃起了最可怕的斗争。因为一切其他的生者都在喊"不"。纪念式的不朽不应当产生——这就是敌对的口号。愚钝的习

"叔本华说：'使一切悲剧因素获得特殊的提升动力的，乃是下列认识的升起，即：世界、生命不可能给出一种真正的满足，因而不值得我们亲近和依恋；悲剧精神即在于此——，因此它引导人们听天由命。'狄奥尼索斯对我讲的话是多么不同啊！当时恰恰这整个听天由命态度离我是多么遥远啊！"（尼采，《尼采著作全集》第 1 卷，2023，第 16 页。）（Neymeyr, 2020: 437-438）

[4] "因为他的训诫就是"至下文"伟大事物唯有通过它才能永垂不朽！"这段话是尼采从 1782 年的文稿《论真理的激情》（作为《为五部未完成之作而写的五篇前言》的第一篇）中摘出并修改完成的。（参见：尼采，《尼采著作全集》第 1 卷，2023，第 836—837 页。）（Neymeyr, 2020: 438）

[5] 这一说法或源自席勒。席勒在《何为普遍历史？为何学习普遍历史》中指出："我们胸中燃烧着高贵的热望，前人遗留给我们的这笔真理、道德、自由的丰厚遗产，定要在我们手里极大地增值，再传给下一代，我们要用我们的财富为这笔遗产添砖加瓦，并将我们的蜉蝣一生牢牢系在这编织起全人类的不朽链条之上。"（刘小枫主编，《从普遍历史到历史主义》，2017，第 178 页。）（Neymeyr, 2020: 439）

惯、渺小和卑劣，充塞世间每一处角落，仿佛呛人的俗世烟尘萦绕一切伟大的事物，横亘在伟大事物通往不朽的道路上，去阻碍、迷惑、遏制和窒息。然而，这条道路却要经由人的头脑！穿过这个惶惶不安、寿命短促的生物的头脑，这些生物一次次经受同样的苦难，费尽辛苦方能在片刻间逃避死亡。因为他们首先只乞求一件事：无论如何都要活下去。谁曾料想，他们竟能参加纪念式历史学的艰巨的火炬接力赛跑，而伟大事物唯有通过它才能永垂不朽！然而，总是一再有一些人醒过来，回顾过去的伟大，让他们获得强化，令他们感到如此幸福，仿佛人的生活是一件美妙的事情，仿佛它是这株苦涩草木最甜美的果实，只要他们知道，往昔有一个人骄傲而坚强地、另一个人忧郁地、第三个人怜悯和慈善地经历过这一生存——而所有人都留下了一个教训：不在乎生存的人，活得最潇洒。如果说，凡夫俗子怀着忧郁的心情，严肃和贪求地对待这段人生，那么，那些踏上通往不朽和纪念式历史的大道的人，则懂得如何对人生报以奥林匹斯山诸神式的欢笑，或至少是崇高的戏谑；他们往往面露讥讽迈入坟墓——他们身上还有什么能被埋葬！大概只剩下那些长期压迫着他们的渣滓、废物、虚荣和兽性，这些东西早就遭到了他们的蔑视，如今则被埋入遗忘。但是，有一样事物将继续活下去，那就是他们最深刻的本质的标记，作为一件作品、一件事迹、一项珍稀的启迪、一项创造之举：它将永垂不朽，因为后世绝无法离开它。在这种最辉煌的形式中，声誉不单是叔本华说的满足我们自爱的最可口的点心，它还是对一切时代的伟大事物具有一致性和连续性的信念，是对世代变幻和人生苦短的一种抗议。[6]

那么，对过去进行纪念式的历史思考，埋头于前代的经典和稀见事物，对当下究竟有何益处？人由此了解到，伟大事物是曾经有过的，至少曾经是可能的，因而也就可能再次出现。于是，他愈有勇气走自己的路，一度趁虚而入的疑虑，即他是否在希求本来毫无指望的东西，如今已经一扫而空。假设某人相信，只需要一百个有创造力的、在一种新精神下受熏陶和工作的人，就能够将德国时下流行的教养（Gebildetheit）从头整顿一番，[7]那么，当他意识到文艺复兴的文化正是在百来人的协力推动下兴起的时候，他该多么欣欣鼓舞。[8]

---

[6] 叔本华的说法出自他的《人生智慧》："名声只不过是投合那些贪恋着傲慢与空虚之人的口味的稀有精美的佳肴——这种贪欲虽然被小心地隐藏起来了，但实际上毫无节制地存在于所有人身上，也许以那些满心巴望着不惜任何代价使自己扬名显声的人最为强烈。"（叔本华，《叔本华论说文集》，范进等译，商务印书馆，1999，第95页。）"一切时代的伟大事物具有一致性和连续性"则或是受了布克哈特的影响，布克哈特于1870—1871年在巴塞尔举办的"历史学习讲座"的笔记中提到"将过去理解成精神的连续性，是近世最宝贵的财富"。（Neymeyr, 2020: 441）

[7] 对德国教育的批判，是尼采早期著作特别是《不合时宜的考察》诸篇的主题之一。在他看来，真正的、鲜活的教育（Bildung）同一种贫瘠的、浅薄的教养（Gebildetheit），文化上的伟大英雄同傲慢、虚荣的受过教育的庸人（Bildungsphilister）或只懂一味追随古人的模仿者（Epigone），都是针锋相对的。（Neymeyr, 2020: 442-443）

[8] 尼采在后面第六章还提道："若有百来个这样受过不合时宜的教育的人，换言之，这样成熟的、习于英雄事迹的人，我们这个时代的伪教育造成的喧嚣就可以永远沉寂了。"由此尼采显示出一种精英史观，或许源自英国历史学家卡莱尔（Thomas Carlyle, 1795—1881）的影响。罗素已指出

　　不过——为了从同一个例证中立即学到些新东西——这一古今比较是多么圆滑和虚浮，多么不准确！为了达成这样一种强烈的效果，就必须忽略多少差异，必须把过去的特殊性强行纳入普遍的形式，并为了一致性而打破所有锐角和直线！严格说来，说曾经可能的事情也就可能再次出现，除非认为毕达哥拉斯（Pythagoras）学派是正确的，他们相信，一旦天体运行至同一排列位置，同一事件就会在地上重演，而且分毫不差：于是，当众恒星处于某个相对位置，一个斯多葛派就会一次又一次地与一个伊壁鸠鲁派密谋刺杀恺撒，而处于另一相对位置时，哥伦布会一次又一次地发现美洲。[9] 唯有当

　　了二者之间的渊源："更不是要同意尼采对英雄崇拜的夸张。我一点也不想说普通的人是不重要的，或者说研究群众比研究著名的个人更不值得。我只是想在两者之间保持一个平衡。我相信卓越的个人对于创造历史贡献甚多。我认为，如果 17 世纪中 100 名最优秀的科学家在幼年时就死去的话，整个工业社会里的普通人的生活就会与现在的情况完全不同。如果莎士比亚和弥尔敦从来没有存在的话，我不相信会有其他的某个人能创作出他们的那些作品。而这正是某些'科学的'历史学家们似乎希望人们去相信的事情。"罗素写这段话的时候，就是暗指尼采在《历史对于人生的利弊》中关于"百来人"的历史作用的说法。（参见：何兆武主编，《历史理论与史学理论：近现代西方史学著作选》，2021，第 580 页。）——译者注

[9] "一个斯多葛派"和"一个伊壁鸠鲁派"，分别指代刺杀恺撒的两位主谋布鲁图斯（Brutus）、卡西乌斯（Cassius）。布鲁图斯被认为信奉斯多葛哲学，卡西乌斯则是一个伊壁鸠鲁主义者，这种说法源自普鲁塔克的《希腊罗马名人传》，并由于莎士比亚的悲剧《裘力斯·恺撒》而流行，卡西乌斯在剧中说："我曾笃信伊壁鸠鲁及其看法。"（参见：威廉·莎士比亚，《尤里乌斯·恺撒》，傅光明译，天津人民出版社，2022，第 154 页。）恺撒遇刺、恺撒渡过卢比孔河、埃及艳后的鼻子，等等，都是史学理论著作最常引用的例证。——译者注

地球在第五幕剧演完后次次都重新开场，唯有能够确认同一动机结合、同一机械降神、同一灾祸会在一定时间间隔中反复出现，强力者才会要求纪念式历史学展现圣像式的完全真实性，[10] 这就是说，精准构成每一事实的特殊性和唯一性：这大概要等天文学家再度沦为占星家之后。在此之前，纪念式历史学无法要求这种完全的真实性：它会总是把不同的事物加以比拟、概括，最后等同起来，它会总是削减动机和缘由的多样性，通过牺牲"因"来纪念式地呈现"果"，即将"果"视为典范的、值得效仿的。由于纪念式历史学竭力忽略原因，可以无须夸张地说，纪念式历史学是"结果自身"（Effecte an sich）的一个集合，是事件的一个集合，既然事件从来都会产生结果。民族节日、宗教或战争纪念活动所庆祝的事物，其实正是这样一种"结果自身"：[11] 它令有热心功名者辗转反侧，

---

[10] 动机结合（Verknotung）、机械降神（deus ex machina）、灾祸（Katastrophe）都是戏剧术语。在传统的五幕悲剧中，戏剧冲突往往以"结"的形成开始，以主人公的"灾祸"结束。亚里士多德在《诗学》中说："每出悲剧分'结'与'解'两部分。剧外事件，往往再配搭一些剧内事件，构成'结'，其余的事件构成'解'。所谓'结'，指故事的开头至情势转入顺境（或逆境）之前最后一景之间的部分；所谓'解'，指转变的开头至剧尾之间的部分。"（亚里士多德，《诗学》，罗念生译，人民文学出版社，1962，第 60 页。）"动机结合"就是"结"，"机械降神"则是在戏剧情节看似无"解"的时候，突然用舞台机关将神祇送出来解开局面。尼采在《悲剧的诞生》中批评过欧里庇德斯在戏剧结尾使用"机械降神"。（参见：尼采，《尼采著作全集》第 1 卷，2023，第 99 页。）（Neymeyr, 2020: 446-447）

[11] "结果"（Effect）也可理解为效果、影响。德国作曲家梅耶贝尔（Giacomo Meyerbeer，1791—1864）就批评瓦格纳的音乐只凸显"效果"，结果成

它像护符一样挂在事业家的心上，却并不是真实的历史性因果联系。这种联系只要得到充分认识，就会显示在未来与偶然的掷骰子游戏中，绝不会再掷出完全相同的事物。[12]

了"无来由的效果"。尼采在《不合时宜的考察》第四篇《理查德·瓦格纳在拜罗伊特》中批评过瓦格纳："影响，无与伦比的影响——但通过什么？对谁的影响？——从此刻开始，这就是充满他心间和头脑的问题和追求。之前还没有一个艺术家像他这样，想要去获胜和征服，而且，如果可能的话，他想一下子就达到其所有本能隐秘地渴望的那种专制的全能。"（尼采，《尼采著作全集》第1卷，2023，第535页。）在晚期著作《瓦格纳事件》中，尼采也批评瓦格纳"要的是效果，除了效果他别无所求。而且，他知道自己要对谁产生效果！"。（尼采，《瓦格纳事件 尼采反瓦格纳》，2011，第30页。）（Neymeyr, 2020: 448）

[12] 尼采批判说，纪念式历史学一味追求伟大"结果"的一致性和连续性，其实预设了历史认识的完全真实性、历史事件精确重演的可能性，类似于占星家的预言，而"真实的历史性因果联系"是包括偶然性在内的概率式因果，类似于掷骰子。这涉及历史哲学中的一个重要问题——历史因果律和"重演"。罗素在《论历史》谈到历史中的因果律和预言作用时指出：历史中的因果关系虽然是可以被发现的，但首先"这种可能性只存在于相当有限的范围之内"，而"寻求这种规律的困难之一是：历史中的重复现象不像天文学中那么多"。其次，即便有关过去的因果关系可以得到证实，"也没有多少理由去预期这些关系在将来也会有效"。（参见：何兆武主编，《历史理论与史学理论：近现代西方史学著作选》，2021，第569—570页。）一般认为，自然科学在掌握普遍规律的前提下能够进行反复实验即重演。但在历史领域，受限于特定时空的历史事件、历史场景，其具体细节是不可能重现的，只可能存在表面的"相似"。进一步说，历史学家似乎还能够从特殊的事件或现象中抽象出关系、本质和属性这一类"历史共性"，从而判断两个相隔遥远时空的事件属于同类，因而"重演"了；然而，历史学无法掌握普遍的因果律和必然性，难以像自然科学那样，准确"预言"历史事件的进程和结果。（参见：张耕华，《历史学的真相》，2020，第226—249页。）——译者注

只要历史著述的宗旨在于让某个强力者从历史中汲取巨大推动力，只要过去发生的事必须被描述为值得效仿的、可以效仿的、再度可能的，那么，它无论如何存在这样的危险，某个事物被改动了，被加以美化解释，由此近乎肆意虚构；确实，在有些时代，我们无法截然区分纪念式的过去和神话式的虚构：因为同一种推动，既能够从过去的世界汲取，也能够从虚构的世界汲取。[13] 因此，倘若对过去的纪念式思考支配着其他类型的思考，我是指好古式的和批判式的思考，过去本身就会遭受损害：一大部分过去将会遭受遗忘，遭到轻蔑，仿佛灰暗的洪流一样流逝不止，徒留经过修饰的单个事实，好似河中孤岛一般显露出来——在引人瞩目的稀有人物身上，我们看到的是一些不自然的、奇异的事物，类似毕达哥拉斯的弟子要在他们的大师身上看到的金色臀部。[14] 纪念式历史学靠类比来骗人：它利用动人的相似性，引诱胆大的人鲁莽

---

[13] 尼采在这里虽区分了"事实"和"虚构"，并指出以主观想象来修饰历史将造成历史学近乎"肆意虚构"。但是他在第六章、第七章把历史学的客观性假设改造成了一种审美建构的原则，它产生的是"艺术上真实而不是历史学上真实的绘画"，甚至认为"一部历史著述并不含一丝庸俗的经验性真理，却依然有权声称自身是极度客观的"，而"唯有当历史学能容忍被改造成艺术品，转化为纯粹的艺术形态时，历史学或许才能维系乃至唤起人的本能"，根本原因在于尼采期待让一种由主观视角和目的支配的历史建构来为生活服务。（Neymeyr, 2020: 448-449）

[14] 毕达哥拉斯的弟子传言，毕达哥拉斯的臀部或大腿是金色的，借此宣扬他在人类的躯壳下具有类似神祇的永生和美貌。古希腊人相信，金色代表神祇，甚至有传说认为毕达哥拉斯是太阳神阿波罗的凡间化身。（Neymeyr, 2020: 450）

行事，引诱热情的人盲目追随，要是试想一下，这种历史学被天才的自私鬼和狂热的恶徒玩弄于股掌之间，帝国将会毁灭，王侯将被屠戮，战争与革命将被煽动，历史的"结果自身"，即缺乏充足原因的结果，其数量就会一再增多。如此说来，纪念式历史学竟能够给强力者、行动者造成伤害，无论他们是善是恶；而当无强力、无作为的人掌握并利用这种历史学，又会产生怎样的影响！

我们举一个最简单常见的例子。试想一下，那些全无艺术才能或才能平平之辈，一旦披上纪念式艺术史的甲胄武装起来，他们手中的武器会指向谁？会指向他们的宿敌，那些强有力的艺术天才，换言之，他们反对的是那些真正能够从那种历史学中学习，即为生活而学，并学以致用的人。当众人殷勤地围绕着某一伟大过去的半吊子纪念物手舞足蹈，将之尊为偶像，仿佛想说："瞧瞧，这才是真正的、实在的艺术：那些将成就的和愿望着的事物何足道哉！"此时，那些艺术天才的道路就被阻断了，他们的天空昏暗下来。表面上看，这群载歌载舞之辈甚至自诩有着"良好品味"：因为同袖手旁观的人相比，创造者总要吃亏；如同在每个时代，在野的空谈家总显得比在朝的政治家更明智、更公正、更深思熟虑。然而，倘若有人打算把全民公投和多数原则挪到艺术领域，逼迫艺术家在美学闲人们的公民大会上为自己申辩，我可以事先保证，他必将被判有罪：可这恰恰是因为他面对的法官郑重宣布了纪念式艺术的法条，按照既定的解释，纪念式的艺术乃是千秋万世皆"留下遗响"的艺术；反过来，一切由于是现代的因而还不是纪念式的艺术，在他们看来，首先缺乏需要，其次缺乏纯粹的偏好，最后也缺乏历史学权威的认可。另一方面，他们的本能也向他们透露，艺术能够被艺术扼杀：纪念式的艺术绝不应该再次出现，而来自过去从而拥有纪念式的权威认可的艺术恰恰可以用于这一点。于是，他们成了艺术行家，只因他们打算彻底消灭艺术；他们的举动俨然医师，而他们的本意乃是掺和毒药；因此，他们训练自己的舌头和味觉，好为自己的吹毛求疵开脱，解释为何他们如此固执地拒斥为他们端上来的一切艺术佳肴。因为，他们不希望伟大的事物出现，他们的办法就是高呼："瞧啊，伟大的事物早已存在！"其实，这种早已存在的伟大，同正在生成的伟大一样，皆不入他们的法眼：他们的生活就表明了这一点。纪念式历史学乃是一种乔装打扮，借此乔装打扮，他们毫不吝惜地赞颂前代的强力者和伟大者，从而掩盖起他们对当代的强力者和伟大者的怨恨；借此乔装打扮，他们偷摸将纪念式的历史思考的真正意义颠倒成其对立面；[15] 无论他们是否明确意识到这一点，他们就是

---

[15] "怨恨"（Ressentiment）也是尼采在晚期著作如《论道德的谱系》中进一步阐发的概念：弱者、奴隶出于对强者、高贵者、主人的怨恨，制造了末日审判、义务、良心、原罪等一系列道德-宗教谎言。这一"道德中的奴隶起义"颠覆了原有的价值体系，危害了真正有生命力、创造性和未来前景的事物。（关于"怨恨"的扼要论述，参见：德勒兹，《尼采与哲学》，第四章"从怨恨到内疚"，2023，第208—274页。）相似的，那些赞颂前代的伟大事物，高呼"瞧啊，伟大的事物早已存在"的人，

这样做的，仿佛他们的座右铭就是：让死人埋葬活人吧。[16]

历史学现有的三个种类，每一种类都有唯一一种最适合它的土壤和气候——在别的任何地方，它都会长成荒芜的杂草。渴望创造伟大事物的人，倘若要利用过去，就会借助纪念式历史学来占据它；相反，那些迷恋旧俗、嗜好旧物的人，就会作为好古式的历史学家来爱护过去；唯有被当下的窘迫压在胸口喘不过气，渴望不惜一切代价甩掉负担的人，才需要批判式的历史学，也就是进行审判和断罪的历史学。轻忽草率地移植植物是不少灾祸的根源：安逸的批评家、唐突的古董商、褊浅的品鉴家，皆属此类植物，它们脱离了天然的沃土，蜕变成了杂草。

隐秘动机则是扼杀伟大事物在当前和未来时代再次出现的可能，也就违反了纪念式历史学要求"人类的峰峦历经千年彼此相连"、曾经伟大者必将再次出现的原则。（Neymeyr, 2020: 451-452）

[16] "让死人埋葬活人吧"，化用自《圣经·新约》的福音书。《马太福音》(8:21-22) 记载，一个门徒希望追随耶稣，但请求："主啊，容我先回去埋葬我的父亲。"耶稣说："任凭死人埋葬他们的死人，你跟从我吧！"（Neymeyr, 2020: 452）

三

其次，保全者和景仰者也需要历史学，[1] 他怀揣忠诚和热爱，回望自己的来处和成就；借这份虔敬，他要对自己的此在表示感恩戴德。他悉心维护古来已有的事物，希望借此为后来者保留下他自己产生时的那些条件——他就是这样服务于生活的。在这样的灵魂中，占有祖传家什的意义变了味：毋宁说，是祖传家什占有了这个灵魂。[2] 琐碎的、狭隘的、腐朽的、陈旧的事物，从此有了自身的尊严和神圣性，因为好古之人那嗜好保全和景仰的灵魂注入到了这些事物里面，在其中筑巢

---

[1] 此处指的就是"好古式"历史学，也译为"博古式"（antiquarious）历史学。——译者注

[2] "祖传家什"出自歌德《浮士德》第一部第一场《夜》。浮士德抱怨自己的书房"这里塞满大堆的书本，被蠹鱼蛀咬，被灰尘笼罩，一直堆到高高的屋顶，处处插着熏黄的纸条；瓶儿罐儿到处乱摆，各种器械塞得满满，祖传的家具也堆在里面——这是你的世界！也算个世界！"（歌德，《歌德文集：浮士德》，钱春绮译，上海译文出版社，1999，第27页。）（Neymeyr, 2020: 452）

安居。他所在城市的历史变成了他的自我的历史；他熟悉城墙、城楼、市政章程、民俗节庆，一如熟悉他年少时涂鸦的日记本；他在这一切中找回他自己，他的力量、他的勤勉、他的欲求、他的评判，连同他的无知轻狂。他自言自语：在这儿生活曾经是可能的，那么如今在这儿生活就是可能的；以后在这儿生活更是可能的，因为我们是坚韧的，不会一夜之间就被折倒。于是，他就用这个"我们"，超越了短促的、奇异的个人生活，感觉自己就是这个家族、这个世代、这座城市的精神。有时，哪怕穿越重重黑暗和混乱的漫长世纪，他依然向本民族的灵魂致敬，将之当作他自己的灵魂；他不断摸索，反复探查，他寻绎几乎微不可察的线索，他对几经遮掩的过去具有正确解读的本能，能迅速弄明白覆写过一次以至多次的羊皮纸抄本——此乃他的禀赋和德性。[3] 歌德正是以此立于埃尔温·冯·斯泰

---

[3] 古代和中世纪文书通常写在纸莎草纸或羊皮纸上，且反复使用，覆写上新文本。覆写过一次的文书称为 Palimpsest，覆写过多次则称为 Polypsest。17 世纪的考据大师马比雍（Mabillon）在《古文献学论》中创立了一套结合"外证"（羊皮、字体、书法）和"内证"（文体、语法、称谓和内容）来考订古文书真伪的方法论。到了 19 世纪，古文书学或历史文献学在欧洲既是一门严格的科学，也早已成为历史学研究的基础。尼采的这些描述，或许受到了卡莱尔或黑格尔的影响。卡莱尔将历史比喻成羊皮纸抄本："在这部复杂的手稿中（它全是些无形的、错综复杂而又难以辨认的文字，而且它是一种可以擦掉的羊皮纸手稿，但它包含的那些预言文字仍然隐约可辨）某些字母、某些文字仍然可以辨出。"（何兆武主编，《历史理论与史学理论：近现代西方史学著作选》，2021，第 246—247 页。）黑格尔认为，考据式历史学的特点，就在于考订史料真伪，"在于著史的人的锐利的眼光，他能从史料的字里行间寻出一些记载里没

因巴赫的丰碑之前；在他感觉风暴的席卷之下，历史在歌德和斯泰因巴赫之间铺开的云幕撕裂了：他第一次重新看到德意志的艺术作品，"从强壮、粗犷的德意志灵魂中发挥影响"。[4] 也正是这样一种感知和特性，引领了文艺复兴时期的意大利人，在意大利诗人身上再度唤醒了古代的意大利天才，成为雅各布·布克哈特说的"太古遗音的奇妙续弹"。[5] 然而，这种历史学的、好古式的景仰之情，当它使一个人或一个民族对自己那卑微、坎坷甚至惨淡的生存境遇生发出一种朴素动人的愉悦和满足感时，才具有最高价值；例如，尼布尔就以正直的坦率承认，在沼泽和荒原上，和拥有自己历史的自由农住在一起，他生活得很惬意，并不感到缺少什么艺术。历史学将那些禀赋不甚优越的种族和民族束缚在他们的乡土和乡俗上，使之乐天知命，劝阻他们不要为了改善处境而去异乡漂泊、打拼，历史学服务于生活的方式还能有什么比这更好呢？把个人禁锢在这些乡党和环境中，禁锢在这种艰辛的逆来顺受中，如同

有的东西来"。（黑格尔，《历史哲学》，上海书店出版社，2022，第6—7页。）——译者注

[4] 歌德认为斯特拉斯堡大教堂（著名的哥特式教堂）堪称建筑师埃尔温·冯·斯泰因巴赫（Erwin von Steinbach，1244—1318）的真正纪念碑，为此他专门写了《论德意志建筑》（1773）一文表示敬意，尼采的引文就出自歌德这篇文章。歌德写《论德意志建筑》时，哥特式建筑风格正被看成是德意志特色的表现形式，尼采说歌德"第一次重新看到德意志的艺术作品"，暗示哥特式风格在此之前曾长期得不到肯定，被评为一种"蛮族"风格。（Neymeyr, 2020: 453）

[5] 出自布克哈特《意大利文艺复兴时期的文化》。（Neymeyr, 2020: 454）

禁锢在这一片荒芜的山脊上，有时，这看上去有点固执和愚昧，却是最健康、最有益于整体的愚昧；明白这一点不难，只需看看热衷探险、移民海外（乃至全民族整个迁徙）的可怖后果，[6]或者，近距离观察一下某个民族的状况，这个民族背叛了它的过去，转而满世界永无休止地选取和追逐新而又新的事物。与此截然对立的感觉，是大树从树根处感到的安适，感受到自我不是完全任意和偶然的存在，而是从一个过去中作为祖泽、菁华和果实生长出来的，因此自己的生存不仅无所亏负，而且完全正当——这种感觉，人们如今好称之为真正的历史感。[7]

　　当然，这种状态还不是人类最擅巧将过去化约为纯粹知

---

[6]　由于大饥荒和民众各阶层的贫困化，特别是在 19 世纪 40 年代以后，德国人和爱尔兰人成百万地移民国外，主要是美洲。尼采说的"热衷探险、移民海外（乃至全民族整个迁徙）"其实还是由于经济上的悲惨处境。(Neymeyr, 2020: 455)

[7]　尼采描述的这种树大根深的"历史感"，德国哲学家赫尔德（Johann Gottfried Herder，1744—1803）在《又一种历史哲学》中提供了很好的例证："我们自然的慈母……把多样的倾向布在我们心中；她把其中一些放在我们身边触手可及的地方，围成一圈；然后她又限制我们的视线，以至于很快地，出于习惯，这个圈子就成了我们的全部天地，逾此界线我们什么也看不见，甚至几乎不敢想象！"大自然使人类以自我为中心，以一定程度的盲目和偏见为幸福的前提，"它把人们围绕他们的中心聚拢在一处，与他们的根更紧密相连，令他们能以自己独特的方式更满地繁荣兴旺，让他们对自己的禀赋和目标充满热情，因而也就更幸福。在这种意义上，最无知、偏见最深的民族通常也是最幸福的民族。而那些只知模仿别的民族的渴求与希望，偏离了自身方向的时代，通常已经是疾病缠身、虚浮肿胀、骄奢淫逸、死到临头！"（约翰·哥特弗雷德·赫尔德，《反纯粹理性——论宗教、语言和历史文选》，张晓梅译，商务印书馆，2010，第8—9页。）——译者注

识的状态；因而，我们在这里也能察觉到之前在纪念式历史学中察觉到的，即只要历史学服务于生活，受生命冲动的支配，过去本身就会遭受损害。说得再形象一些：大树对它的树根的感觉，比它能眼见的更深刻；然而，大树的这种感觉，是根据它可见的枝桠的粗细和韧性来衡量树根的粗细。如果大树在这一点上就误入歧途，那么，它对周边整片森林的认识又会离谱到何种地步？大树对森林的认识和感觉，仅仅基于森林对大树自身的遏制或促进作用，再无其他。一个人、一个城市共同体、一整个民族的好古意识，其视域总是极其有限的；它全然感知不到最大的那一部分，而它所看到的那一小部分，又离它太近而且太孤立了；它难以权衡，只得把一切事物看成同样重要，从而把每一个别事物又看得过于重要。[8] 结果，

---

[8] 尼采在《不合时宜的考察》第三篇《作为教育者的叔本华》中对有缺陷的学者类型有进一步的讽刺："明察在眼前的事物，却对遥远和普遍的事物高度短视。学者的视野范围通常都相当狭小，眼睛必须密切盯住所视之物。如果这种学者从一观察点转到另一观察点，那他们就必须把全套观察器械搬到另一观察点才行。他们把一幅图画分解成一块块的颜料斑迹，……由于缺乏整体的视野，他们就根据文中的一些段落或句子或者错处来评判一篇文本。他们被诱惑去宣称，一幅油画也不过是一堆杂乱的污迹而已。"（尼采，《尼采著作全集》第 1 卷，2023，第 447—448 页。）尼采对于"好古式历史"的批评或许受到了叔本华的影响，叔本华在《作为意志和表象的世界》中认为，"严格说来，历史虽是一种知识，却不是一门科学"，相对于哲学及各门科学，历史学并不将特殊统属于普遍之下，而只是个别事迹的并列。（叔本华，《作为意志和表象的世界》，2018，第105 页。）他还说："历史除了上述的根本缺陷以外，不可避免的还有这样一个事实：历史女神克利奥全身上下都感染了谎言、假话，情形就像一个长满了梅毒的街边妓女。确实，当代的历史考证在尽力医治历史的这

对过去的事物来说，真正适合于它们的价值差异和比例不复存在；现在只剩下过去的事物与好古地回顾过去的个人或民族之间的尺度和比例。

这里总有一个近在咫尺的危险：最终，古老的、过去的一切事物，只要进入人的视域，他就干脆一概认为值得尊崇，而凡对这种古旧事物不怀敬畏之心的一切事物，也就是新的事物、生成着的事物，一概遭到拒斥和反对。希腊人竟能允许庄严、刻板的风格和自由、伟大的风格在造型艺术中并存，更有甚者，后来他们不仅容忍了尖鼻子和冷淡的微笑，还认为这是品位精致的表现。[9]当一个民族的感觉变得这般僵化，当历史学这样服务于逝去的生活，以至于损害了生活的延续，损害了更高的生活，当历史感不再维系生活，而是将之制成干尸：这样，大树就死了，蹊跷地从树冠向树根逐渐枯萎——最后，

一疾患，但以它局部的医治也只能抑制个别的症状；再者，许多混杂其中的江湖郎中只会加重病情而已。"（叔本华，《附录和补遗》第 2 卷，韦启昌译，上海人民出版社，2020，第 532—533 页。）但是，尼采对历史和哲学的关系毕竟有不同评价。在《作为教育者的叔本华》中，尼采提出："如果对过去的民族或者别的民族的历史进行研究是有价值的，那么，这对哲学家来说则最有价值，因为哲学家要对人类的总体命运给出一个公正的判断。"（尼采，《尼采著作全集》第 1 卷，2023，第 409 页。）（Neymeyr, 2020: 457-459）

[9] 庄严、刻板的表现形式是希腊文化的晚期现象，也让人想到希腊文化的"古风时代"。在《悲剧的诞生》中，尼采在讨论悲剧的"起源"甚至"诞生"时也考虑到了"古风化"的趋势，并由此对希腊三大悲剧诗人之首的埃斯库罗斯评价颇高。根据这一价值标准，尼采将 19 世纪的当代文化视为一种晚期的"堕落"和"退化"。（Neymeyr, 2020: 459）

树根本身也一样死亡。当下鲜活的生命一旦不再以灵感和生气浇灌好古式历史学，它很快就会凋零。这时候，虔敬之情枯萎了，只剩下博闻的习性，并自私自负地以自己为中心旋转。这样一来，人们大概会目睹一番可厌的情景：盲目的收藏癖好，不知疲倦地搜罗曾经有过的一切事物。人把自己笼罩在腐臭的空气中；他甚至以这种好古的方式，让一种卓越的素质、一种高尚的需求，沦落为不知餍足的好奇心，或者说对古老事物乃至一切事物的贪求；他常常堕落得如此之深，最终满足于到手的一切食物，连废弃书堆上的积尘亦堪大快朵颐。[10]

不过，即使不曾发生这种堕落，即使好古式历史学不曾丧失那唯一能够让它健康生长的土壤根基，但只要它变得过分强大，盖过了思考过去的其他方式，那么，依然会造成相当的危险。它只懂保全生活，不懂创造生活；因此，它总是轻视"生成"，因为它不具备任何预知"生成"的本能——而比方说纪念式历史学就具备这种本能。于是它就阻碍了创新的毅然决断，于是它就使行动者瘫痪，而行动者之所以是行动者，

---

[10]　出自歌德《浮士德》的《天上序曲》。魔鬼梅菲斯特说："让他去吃土，吃得开心，像那条著名的蛇，我的亲戚。"（歌德，《歌德文集：浮士德》，1999，第20页。）"蛇"指《圣经》中诱惑夏娃的魔鬼化身，《创世记》(3:14)言："神对蛇说：'你既做了这事，就必受咒诅，比一切的牲畜野兽更甚，你必用肚子行走，终身吃土。'"除了对好古式历史的批评，尼采可能还暗指他的老师古典语文学家李奇尔。友人罗德在1873年10月14日写给尼采的书信中提到李奇尔（尼采和罗德共同的导师）时引用了《浮士德》的这句话："近来他似乎依然只搞那一套文献学！吃土，吃得开心！"（Neymeyr, 2020: 460）

恰在于他总是要且必须要打破某种虔敬之心。某一事物变得古老的这个事实，如今产生出这样一种要求，即它必须不朽；而这样一个古老事物，比方一个祖宗旧俗、一种宗教信仰、一项世袭的政治特权，如果将它在存续期间经历的一切都考虑在内，看看诸个体和诸世代对它的虔敬和景仰累积得多么庞大，那么，竟要用一个新事物来取代这个旧事物，并把这样庞大的虔敬和景仰，同当下生成的事物享有的那点期许相提并论，似乎有点狂妄乃至无耻了。

由此显而易见，除了以纪念式、好古式的方式思考过去，人类常常多么需要不可或缺的第三种方式——批判式，不过这种方式也要服务于生活。[11] 为了能够生活，人必须拥有那种打破过去、消解过去的力量，并时不时地动用这种力量：他实现这一目的的方式，是向法庭控诉过去，严加审讯，最后宣布判决；不过，每一段过去都值得加以判决——因为人世间的事物就是如此：它们永远受制于人类的暴力和弱点。在这里，主持审判的不是公正，负责宣判的更不是仁慈：唯有生命，那股阴暗、冲动、不知餍足地渴求自我的强力。它的判决总是不仁慈、不公正的，因为它从来就不是从纯净的知识之泉中喷涌出来的；其实在大多数情形下，倘若由正义自己来宣判，

---

[11] 比起"纪念式历史学"和"好古式历史学"，尼采对"批判式历史学"的论述要简短一些。文本形成史的研究者认为，这部分思考不见于尼采最初的写作设想，是在 1873 年 12 月中旬，即《历史对于人生的利弊》正式出版的两个月前才写进去的。（Neymeyr, 2020: 279）

也好不了多少。"生成的一切总应当要归于毁灭；所以最好，不如不生。"[12] 能够去生活，同时忘记生活和不义其实多少是一体的，这需要极大的力量。[13] 路德甚至说过，此世只是出

---

[12] 在这里，尼采认为，尽管批判式历史的判决可能是不公正的，但这种不公正乃是出于生活摆脱历史重负的需要。不过，尼采引用歌德《浮士德》中的名句，表明了一种把"公正"相对化的立场。既然生命运动在历史进程中永不停歇，那么根据生活的需要来评判历史事物，也就没有一成不变的固定标准，而是会根据当下的需求不断形成新的、相对化的标准。这句引文出自《浮士德》第一部第三场《书斋》。梅菲斯特说："我是常在否定的精灵！这自有道理：因为，生成的一切总应当要归于毁灭；所以最好，不如不生。因此你们所说的罪行、破坏，总之，所说的恶，都是我的拿手杰作。"（歌德，《歌德文集：浮士德》，1999，第73—74页。）另外，将生命视为"阴暗、冲动、不知餍足地渴求自我的强力"，可见叔本华的意志哲学的影响，叔本华在《作为意志和表象的世界》中提到了"饥饿的意志，[人世的] 追逐，焦虑和苦难都是从这里来的"。（叔本华，《作为意志和表象的世界》，2018，第221页。）而将"生命"和"强力"联系起来，或预示了尼采后来的关键哲学概念"强力意志"。（Neymeyr, 2020: 462）

[13] 批判式历史学必然揭示：生活和不义多少是一体的，而人要继续生活，就不得不尽力忘却这一教导。当时的历史哲学对生活和不义的密切关系，大概有两种解释。第一种解释是康德—黑格尔式的，比如，康德在《人类历史起源臆测》中写道："只要我们肯想一想，为了有办法度过如此之短暂的一生，我们忍受了多少烦忧，而在希望着未来的、尽管是如此之不持久的享乐时，我们又曾做出了多少不义。"（康德，《历史理性批判文集》，何兆武译，商务印书馆，1990，第79页。）动物世界有弱肉强食，但无所谓义与不义，而人有理性的生活，被赋予了自由意志，有了为善为恶的意愿和能力，也就迈出了道德堕落的第一步。所以，在康德看来，人类的历史由"恶"开始，有似孟子所言："如使人之所欲莫甚于生，则凡可以得生者，何不用也！"（《孟子·告子上》）然而，为了生活"凡可以得生者，何不用也"的"恶"，或康德说的"非社会性"，从"普遍历史"来看，却成全了人类社会的文明化和进步。第二种解释

于上帝的健忘才得以产生；如果上帝当初想起了"重型火炮"，他就不会创生世界了。[14] 不过，生活既需要遗忘，有时也要求暂时消灭这种遗忘；那时，人应该就看清了，某些事物的存在，比如特权、种姓、王朝，有多么不义，有多么应该消亡。接着，人就批判地思考这种事物的过去，用刀剖开它的根系，无情地跨越一切敬畏。这是一个危险的特别是对生活本身而言十分危险的过程：一个人或者一个时代，如果以这种方式服务于生活，也就是对过去进行宣判和处决，那么，这些人或这些时代就始终难逃危险和威胁。因为，我们既然是过去世代的结果，我们也就是他们的迷乱、激情、谬误甚至罪行的结果；我们不可能彻底挣脱这一锁链。即便我们给这些迷乱判罪，自以为摆脱了它们，可是，我们依然源于这些迷乱，这一事实没法一笔勾销。[15] 在最理想的情形下，我们会让祖

或更贴近尼采晚期的思想，他在《论道德的谱系》中提出，生命本质上就"发挥着伤害、强暴、剥削、消灭的功能，没有这种特征，生命不可设想"，在这个意义上说生命是对或错，是义或不义，本来没有任何意义。（参见：尼采，《论道德的谱系》，2018，第80页。）1886年，尼采在为《悲剧的诞生》新版增补的序言《一种自我批评的尝试》中也主张，生活或生命"是某种本质上非道德的东西"，因此，它在道德评判面前必定表现为不义，因为道德尤其是基督教道德是否定、蔑视生命的，把生命贬低为不值得追求的、本身无价值的东西。（参见：尼采，《尼采著作全集》第1卷，2023，第15页。）忘掉强加给生活的那种颓废、病态的道德性而一心勇敢地去生活，也需要极大的力量。——译者注

[14] 出自中世纪宗教改革运动发起人马丁·路德（Martin Luther，1483—1546）的《桌边谈话》。（Neymeyr, 2020: 464）

[15] 尼采参考了格利尔帕泽《论历史研究之用处》的开头部分："人人都看

传的天性同自身的认识争斗一番，让一种新的、严格的教养同自古成立、与生俱来的事物一较高下；我们会培养一种新习性、一种新本能、一种第二天性，从而窒息第一天性。[16] 这种尝试无异于给自己一个后天培植的过去，即人愿意自其所出的过去，迥异于他实际自其所出的那个过去——这永远是一个危险的尝试，因为一旦要否定过去，就很难找到一个限度，何况，第二天性往往弱于第一天性。它通常止步于知道什么是善的，却不去实行，因为人还知道什么是更善的，却依然无动于衷。不过，有时候胜利确实降临了，甚至对于那些斗争者，对于那些为了生活而利用批判式历史学的人，也还有一种奇妙的慰藉：就是意识到，如今的第一天性曾几何时无非是第二天性，每个得胜的第二天性都会成为第一天性。

到，自己的生活乃激情和谬误环环相扣的锁链，他在别人的生活中看到的也是一样，甚至更加苛刻。但是，从人类的总体生活，从这一谬误和激情的世界体系中，却可以生出真实的事物，即真理。"尼采在这里思考了人的谱系性特征，这种特征参与决定了每个个体的习性。尽管如下文所言，人能够"给自己一个后天培植的过去，即人愿意自其所出的过去，迥异于他实际自其所出的那个过去"，但是，他始终同自己的出身、自己起源历史的家族关系难以分割。此外，他在本书第八章提到的"激情和谬误的世界体系"也来自格利尔帕泽。（Neymeyr, 2020: 464-465）

[16] "第一天性""第二天性"的说法，或许直接受到黑格尔的影响。在《历史哲学》的导论部分，黑格尔将"第一天性"定义为人的生物本性，即"直接的、单纯的、动物的存在"，而"第二天性"则是人的道德本性，一种伦理的、反省的义务意识，即尼采此处说的，对于什么是善的意识。（黑格尔，《历史哲学》，2022，第36—37页。）但是，尼采想表达的或许是，通常被视为第一天性的所谓人的原始本质、"祖传的天性"，并非真正是原初的或单纯的，而是一种未经反思和批判的"教育"的结果，因而是可能被"为了生活"而加以重新培养和改造的。——译者注

四 [1]

以上种种，皆是历史学可为生活效力之处；每个人和每个民族，根据自身的目的、力量和需求不同，多少得了解一些过去，而这关于过去的知识，时而是纪念式的，时而是好古式的，时而是批判式的历史学；然而，不像一帮纯粹的、徒知旁观生活的思想家，也不像求知欲强的、光靠知识就能餍足的个人（在他们看来，增长见闻本身就是目的），而是相反，始终只为了生活之目的，从而也是在这一目的的支配和最高领导下。这是一个时代、一种文化、一个民族同历史学之间自然而然的关系——由饥饿引发，受需求强度的调节，被内在的塑造力保持在适宜限度内——在任何时代，渴求对过去的知识都仅是为了服务于未来和现在，绝不是为了削弱现在，

---

[1] 友人埃尔温·罗德在 1874 年 3 月 24 日致尼采的书信中对《历史对于人生的利弊》第四章的内容颇有微词："从整体结构来看，我觉得第四章是一个明显的瑕疵。你在这章中关于内在和外在的对立的论述非常精到，但出现得过于突兀，仿佛从大炮中射出一样，用你的说法，仿佛从身体里隆隆作响地掉出来。"（Neymeyr, 2020: 466）

不是为了将生机充沛的未来斩草除根：这一切十分简单，如同简单的真理，就连首先不想受限于历史证据的那些人，也会立刻领会。

现在来看一眼我们所处的时代吧！我们惴惴不安，畏畏缩缩：生活与历史学之间的那种关系理应具备的全部明晰、自然和纯洁，都去哪儿了呢，如今这个问题多么混乱、多么夸张、多么焦躁地浮现在我们眼前！这是我们这些思考者的罪过么？抑或是生活和历史学的星位，确实由于一颗强大的、充满敌意的星辰横亘在二者中间而发生了变化？纵然有人指出是我们看错了，我们还是想说出我们认为自己看到的。确实有这样一颗天体、一颗闪亮而美丽的星辰介入二者之间，星位确实发生了变化——原因就在于科学，在于要求历史学应成为科学。[2] 如今，生活不再独踞王座，令过去的知识俯首系颈：相反，界桩一概推倒，曾经存在过的一切袭向了人类。一种"生成"向后回溯多远，以至于无穷，一切远景也向前推进得多远。如今，关于普遍"生成"的科学即历史学，它展现的那望不到边的景象，此前任何一个世代都不曾见过：当然，历史学也在此展现了它座右铭的危险胆量——纵令生活沉沦，必得

---

[2] 历史学的"科学化"在当时或有两重意义：其一是要求历史学有如同近代自然科学（主要是物理学）一般精确的、可验证的系统方法，体现在对史料加以精审的考据、不偏不倚的理解、客观的叙述，等等；其二是要求历史研究应得出自然科学规律一般客观的、超越时空限制的、普遍有效的历史规律。——译者注

真理昌明。[3]

现在，让我们描述一下在现代人灵魂中由此开启的心理过程。历史知识自永不枯竭的泉眼中汩汩而出，又汩汩而入，陌生的、互不相连的事物纷至沓来，记忆松开了全部闸门，但敞得还不够宽，人的天性殚精竭虑地接待、安排和礼遇这些不速之客，而这些客人彼此还在争斗不休，为了不因它们的争斗而灭亡，似乎有必要一律压制并战胜之。习惯于应付这样一种失序、动荡和纷争的家政，就逐渐成为一种第二天性，尽管这第二天性无疑要比第一天性孱弱得多、躁动得多，并且根本不健康。最终，现代人在腹中填满大量无法消化的知识石块，蹒跚而行，正如童话故事里说的，这些知识石块时不时在他体内碰撞出隆隆响声。[4] 这隆隆响声暴露了现代人最本质的特征：一种奇特的对立，一边是有内在而无外在，另一边是有外在却无内在；这种对立，古人是闻所未闻的。在毫无饿感甚至罔顾需求的情况下过量摄取的知识，已不再作为一种带来变革、通向外在的动力起作用，而是持续隐藏在

---

[3] "纵令生活沉沦，必得真理昌明"，原文为拉丁文 "Fiat veritas pereat vita"，化用自神圣罗马帝国皇帝斐迪南一世（Ferdinand I, 1503—1564）的 "Fiat iustitia, et pereat mundus"（纵令世界沉沦，必得公理昌明）。尼采改造这句名言，是为了表明，当泛滥的、不受控制的历史知识淹没人，将"界桩一概推倒"，将一切远景无限前推，将导致人的判断范畴和价值标准的沦丧，从而威胁到生活本身。（Neymeyr, 2020: 467）

[4] 出自格林童话《小红帽》《狼和七只小羊》。在这两则童话中，被狼吞入腹中的受害者（小红帽和她的外婆，七只小羊中的六只）后来都被解救出来，并换成了石头，结果导致狼的死亡。（Neymeyr, 2020: 467）

某种混乱的内在世界里，现代人带着奇怪的骄傲将这个内在世界称为自身独有的"内在性"（Innerlichkeit）。[5] 于是似乎就可以说，内容已经有了，缺的仅是形式；但是，对于一切生者，这种对立是极不恰当的。不考虑这种对立就根本无法理解我们的现代教育，这恰恰是现代教育缺少生命力的原因所在。换言之，这种教育根本不是真正的教育，只是一种有关教育的知识；这里面徒有教育的思想、教育的情感，从中得不出任何教育的决断。相反，所谓的真实动机和可见的外在行动，此时往往只是一种无关痛痒的习俗、一种可悲的模仿，乃至一种丑陋的效颦。在内在世界中盘踞的是这样一种感觉，仿佛一条蛇，它将整只兔子囫囵吞下，然后懒洋洋地晒着太阳，除非绝对必要，否则纹丝不动。这样的内在过程，如今就是事物本身，就是真正的"教育"。每个从旁经过的人都只有一个愿望，就是祈祷这样的教育不会因为消化不良而死亡。试想一下，比如一个希腊人路过，看到这样一种教育，他会意识到，对于近代人来说，"有教养"（gebildet）和"有历史教养"（historisch gebildet）的关联如此紧密，仿佛二者是同一件事，只有字数的差别。倘若他竟说出这样一句话：一个人可以很

---

[5] 对"内在性"的推崇，始于 18 世纪后半期以德国诗人克洛卜施托克（Friedrich Gottlieb Klopstock，1724—1803）和青年歌德为代表的"感伤主义"，继续流行于浪漫主义时期。瓦格纳也受这一传统的影响，在理论著作中经常强调德意志的内在性，认为它区别于浪漫主义的特别是法兰西的心性。（Neymeyr, 2020: 468）

有教养，而却根本没有历史教养。人们只会觉得自己听错了，一笑了之。有一个著名的小民族，来自还不算遥远的过去，我指的是希腊人，他们在力量最强盛的时期顽强地保持了一种非历史的意识；[6] 如果一个现代人能够借助魔法回到那个世界，他大概会发现希腊人非常"缺乏教养"，当然，这只会揭开现代教育的遮羞布，让它的隐私暴露在公众的哄堂大笑之中：因为我们这些现代人毫无自己的独创；唯有用那些陌生的时代、风俗、艺术、哲学、宗教和见识来填补甚至撑饱了自身以后，我们才成为某种值得一顾的东西，成了一部四处走动的百科全书——某个误入我们这个时代的古希腊人大概会这么称呼我们。[7] 然而，在百科全书中，一切有价值的东西，都只在书里

---

[6] 对于希腊人"力量最强盛的时期"，在《悲剧的诞生》中，尼采认为，这一时期并非伯利克里时期（公元前 5 世纪后半期），而是古风时期。尼采推断说，古风时期的希腊人保持了一种非历史的意识，但这并不符合历史现实。尼采特别强调，埃斯库罗斯（古希腊三大悲剧家中最早的一位）具有古风特征，并将之与瓦格纳相提并论。但是，正是在埃斯库罗斯的作品中，显示出对历史事件的关注和戏剧创作。例如，在《俄瑞斯忒亚》中，埃斯库罗斯就以希波战争（以萨拉米斯海战和战神山法庭的建立为高潮）为主题。希罗多德、修昔底德等古希腊大历史学家是在一代人之后才写出各自的著作，但这并不能说明，在此之前希腊人没有历史感。（Neymeyr, 2020: 468）

[7] 尼采在《悲剧的诞生》中也提到，现代艺术"徒然模仿所有伟大的创造性时期和创造性人物"，现代人"置身于所有时代的艺术风格和艺术家中间"，唯独缺乏原创性，"仍然是永远的饿鬼，是毫无乐趣、毫无力量的'批评家'，是亚历山大式的人物，根本上就是一些图书馆员和校勘者，可怜让书上的灰尘和印刷错误弄得双目失明"。此外，在《悲剧的诞生》中，尼采也对历史主义的核心命题（也是《历史对于人生的利弊》全书批判

写的，在书的内容，而不在于书的封面字样，不在于书皮和书套；因此，整个现代教育本质上都是内在的——装订工在书皮上印下了类似如下内容："供外表上的野蛮人使用的内在教育手册"。甚至这种内与外的对立，会使一个民族的外表变得愈加野蛮，程度更甚于一个粗野的民族只是按照自己粗鄙的需求来自发生长。这样一来，天性还有什么办法来应对这种无节制的灌输呢？剩下的唯一办法，就是尽量轻松地接受它，以便接下来迅速消灭它、驱逐它。由此产生出一种不再严肃对待现实事物的习惯，随之产生了"虚弱的个性"，[8] 受这种个性影响，现实的、实存的事物只能给人留下一个微弱的印象；最终，只要记忆不断接受新的刺激，只要有认识价值的新事物不断涌来，在记忆的橱柜里摆放整齐，那么，人对待外在

的对象）发出过类似质疑："不知餍足的现代文化有着巨大的历史需要，把无数其他文化收集到自身周围，并且有一种贪婪的求知欲——这一切如果并不表示神话的丧失，……又能指示着什么呢？"（尼采，《尼采著作全集》第 1 卷，2023，第 139、171 页。）尼采的同时代人也批评过 19 世纪艺术风格多元化造成的莫知所从、缺乏创新。艺术风格的多元化，意味着有无比丰富的文化典范可供时人借用，结果，许多艺术家面对如何通过自身作品而创造性地延续传统这一难题，往往采取消极无为的姿态，徒知模仿前人，拼凑杂烩。这一美学上的特殊问题也牵涉到更广阔的历史主义背景。古典－浪漫主义时期结束后，这种症状在文化圈中十分明显。知识分子和艺术家那种甘心模仿古人的消极意识，引发了认同问题和合法化危机，助长了强烈的崇拜古典心态，根本上改变了同传统的关系。(Neymeyr, 2020: 468-469)

[8] "虚弱的个性"，出自黑格尔的《哲学科学百科全书纲要》第三部分。尼采在 1873 年的遗著笔记中也明确提到格利尔帕泽同样使用了这个表述。(Neymeyr, 2020: 470)

的事物就会愈加懒散和肆意，内容和形式之间的危险裂痕也会愈来愈大，直至对于野蛮满不在乎。一个民族的文化，作为野蛮的对立面，被界定为这一民族的所有生活表达中的艺术风格的统一，我以为这不无道理；不过，不要误解这一表述，仿佛它说的是野蛮和优美两种风格的对立；一个民族，倘若人们认为它有文化，就应该在一切现实存在中皆是活的统一体，而非十分凄惨地分裂为内在和外在、内容和形式。[9] 谁想努力成就和弘扬一个民族的文化，谁就应该努力成就和弘扬这种更高的统一性，致力于为实现真正的教育而打破现代教育；[10] 他

---

[9] 尼采此处重复了在《不合时宜的考察》第一篇《大卫·施特劳斯——自白者与作家》中对文化的定义："文化首先是一个民族的所有生活表达中的艺术风格的统一。"（尼采，《尼采著作全集》第 1 卷，2023，第 189 页。）这种看法反映了当时所谓的内容美学和形式美学之间的争论。具体而言，这场争论源于内容美学的代表人物瓦格纳与形式美学的代表人物、当时的著名音乐评论家汉斯立克（Eduard Hanslick，1825—1904）之间的对立。尼采说的"优美风格"暗指汉斯立克的《论音乐之优美》。（Neymeyr, 2020: 470-471）

[10] 尼采在早期著作特别是《不合时宜的考察》诸篇中一再将静态的、肤浅的"教养"（Gebildetheit，在德语中是表被动的过去分词构成的名词）和动态的、面向未来的真正"教育"（Bildung）相对立。这一倾向契合瓦格纳的思想。瓦格纳在《论指挥》（1869）中将"无益的教养"和"真正的教育"做了对比。这种对比，源于瓦格纳同作曲家、指挥家门德尔松（Felix Mendelssohn，1809—1847）及音乐评论家汉斯立克的争论。瓦格纳抱着反犹主义的情绪，宣称"德国音乐家"感到"愤懑"，因为他们看到"这无益的教养竟打算对我们美妙音乐的精神和意义妄下判断"。尼采在《不合时宜的考察》第一篇《大卫·施特劳斯——自白者与作家》中将"教养"和"教育"对立，也凸显了一种民族性对立："如果有可能唤醒德国人曾经的那种沉着而坚韧的勇敢的品质，也就是

要勇于思考，一个民族那遭到历史学妨害的健康当如何恢复，如何重新获得一个民族的本能，还有它的诚实。

我只想谈谈我们当下的德国人，比起其他任何民族，这种个性的虚弱以及内容和形式彼此对立的问题，在我们德国人身上尤其严重。我们德国人通常认为，形式乃是一种仪俗（Convention），属于伪装和掩饰，所以哪怕不惹人憎恶，反正也不令人喜欢；说得更准确一点，我们对"仪俗"这个词，或许也对仪俗这件事，有一种非比寻常的恐惧。出于这种恐惧，德国人不再以法国人为师：他想变得更天然，从而更德国一些。[11] 可惜，他似乎在这个"从而"上打错了算盘：逃

曾经用以对付带有情绪性和突发性冲动的法国人的品质，并用它来对付内部敌人，对付现今在德国被危险地误解为文化的、那种极其模糊、无论如何都是非民族性的'教养'的话，那么，对于一种现实的、真正的德意志的教养，亦即现今之教养的对立面的所有希望就不会丧失殆尽。"（尼采，《尼采著作全集》第1卷，2023，第186—187页。）（Neymeyr, 2020: 471, 582-583）

[11] 17世纪至18世纪，法国宫廷文化风靡一时，这种宫廷文化重视规范化的形式，讲究"仪节"，并成为受宫廷影响极大的德国文化的模范。尼采用"Convention"一词表示的就是这种文化。随着18世纪后半期德国市民阶层的兴起，克洛卜施托克、莱辛、赫尔德以及后来"狂飙突进"时期的青年诗人，才从法国文化的支配性影响下得到解放，视之为一种外来文化。他们通过一种民族的、反宫廷的习性来凸显德国的独立自主，因此寄托于"民族"（Volk）。另一方面，在浪漫主义时期，在拿破仑征服战争的影响下，德国的民族运动愈演愈烈。随后的民族解放战争引发了对一切法国事物的更强烈抵制。这种民族主义反抗在1870—1871年的德法战争中达到高潮。作为民族运动和浪漫主义传统的代表，瓦格纳的理论著作显示了他根深蒂固的反法、反拉丁民族的态度和普遍的德国至上主义。尼采在早期著作中尽管受到瓦格纳民族主义思想的影响，但

出了仪俗的学堂之后，他终于可以纵情自肆，他从前小心翼翼、往往相当成功地模仿出的那些事物，现在纯是靠着忘了大半的记忆在随意、马虎地照葫芦画瓢。因此，较之早先的时期，德国人今日依然生活在不大正确的法式仪俗之中——我们的举手投足、谈话、衣着和居住，无不显示这一点。我们以为自己在回归天然，其实只是选择了放任、舒适和尽可能少的自制。[12] 穿过一座德国的城市——比起别国城市的民族特色，这里的一切仪俗都显出消极的一面，一切都缺乏色泽，破败不堪，抄袭拙劣，马虎散漫，人人各行其是，但并不追寻一种活力充沛、思想丰富的乐趣，而是遵循这样一种法则——首先要普遍地焦躁，然后要普遍地追求闲适。设计出一件服装，本来无须绞尽脑汁，裁剪也不费时间，然而，从外国引进并极为潦草地加以仿制的一件服装，立即就会被德国人誉

很快就疏远了这一立场并再度亲近法国文化。这段话就显示了尼采从早期立场的转变趋向。（Neymeyr, 2020: 474-475）

[12] 在《不合时宜的考察》第一篇《大卫·施特劳斯——自白者与作家》中，尼采已经谈到法国文化对德国挥之不去的影响。他特别讽刺了普法战争结束后在德国流行的一种自我陶醉和"妄念"，即误以为"德国文化也在那场战争中战胜了法国文化，获得了胜利"。相反，尼采指出："出于最简单的理由，还谈不上什么德意志文化的胜利。因为法国文化一如既往地存在着，我们也一如既往地依赖着它。"德国如今所谓的"文化"，只是"在德国被危险地误解为文化的、那种极其模糊、无论如何都是非民族性的'教养'"。尼采的结论是："即使我们真的停止模仿法国人，那也不意味着我们战胜了他们，而不过是从他们那儿解放了出来"，直至有一天培养出一种原创性的德意志文化，才谈得上所谓的"胜利"。（参见：尼采，《尼采著作全集》第1卷，2023，第185—190页。）——译者注

为对德意志民族服饰的贡献。他们轻蔑地拒斥形式的感觉——因为据说他们具有内容的感觉：毕竟，他们是以内在性而著称的民族。[13]

不过，这种内在性也有一个显著的危险：内容本身，假定了人从外面是看不见的，也就难保不会有时消失；而人们从外面既不会注意到它消失了，甚至都不会注意到它此前存在过。尽管我们想象，德意志民族已经尽最大可能远离了这一危险，但外国人指责我们的内心（Inneres）太过虚弱和散漫，无法向外作用并给自己赋形，这种指责总是有道理的。德国人的内心，其实可以异乎寻常地细腻、敏感、严肃、坚强、诚挚、善良，甚至也许比其他民族的内心更加丰富，但是，作为整体，它依然是虚弱乏力的，因为那些美丽的纤维全都没有系成一

---

[13] 此处显示尼采疏远了形式美学的前提和强调"内在性"的浪漫主义传统，间接地也就背离了瓦格纳的基本立场和尼采自己早期的信念。当然，尼采关于"内在性"的看法还有一定的模糊性，因为他在本章紧接着说："尚未形成的民族文化的任何希望"仍然"源于相信德国人的感觉是真实的、直接的，源于相信内在性是完好无损的"。通过虔信主义的传统，"内在性"的概念对 18 世纪的感伤文化产生了重大影响，对于虔信派的信仰实践来说，转向"内在"即转向精神-灵魂的领域具有决定性的意义。"内在性"概念后来又成为浪漫主义时期思潮的核心组成部分，被视为是一种特殊的德国现象，当然这也遭到了海涅等人的批评。黑格尔在《美学》中区分了象征、古典、浪漫三种艺术类型，并将"内在性"视为浪漫型艺术——包括从中世纪基督教艺术到 19 世纪初期现实主义、浪漫主义及自然主义等各种艺术流派——的特征，例如他说："浪漫型艺术的真正内容是绝对的内心生活，相应的形式是精神的主体性，亦即主体对自己的独立自由的认识。"（黑格尔，《美学》第 2 卷，朱光潜译，商务印书馆，1996，第 276 页。）（Neymeyr, 2020: 475-476）

个牢固的结，因此，外在可见的行为并不等于这个内心的全部行为和自我表露，而只是某一根纤维的尝试，或怯弱，或粗糙，只是要装作似乎表现了整体。因此，根本不应该就某一个行为来评判德国人，即使他做了某件事，他作为个人依然是完全隐蔽的。众所周知，必须通过他的思想和情感来测度他，而这些东西，他如今在自己的书里表达出来。遗憾的是，正是这些书籍近来引发了比以往更多的怀疑，令人不禁怀疑，这著名的内在性是否真的还端坐在它那深不可测的神龛中——万一有一天它不见了，那时只剩下外在性，德国人独有的傲慢粗野、卑屈懒惰的外在性，一念及此，便让人不寒而栗。同样让人不寒而栗的是，一旦这个内在性在看不见的情况下遭到伪造、粉饰、装扮，端坐在那里，变成一个优伶，甚至变成什么更糟糕的东西，比如就像冷静旁观的格利尔帕泽根据自己的戏剧舞台经验所承认的那样："我们靠抽象来感觉，"他说，"我们几乎不再懂得，在我们同时代人中感觉是如何表达的；我们让感觉跳跃，而感觉如今已经不再跳跃了。我们这些现代人都让莎士比亚给毁了。"[14]

这仅是一个个例，把它解释为普遍情况或许有点仓促，不过，若是这些单个案例过于频繁地涌现到观察者眼前，他就有理由进行概括，而这种概括又会多么糟糕；下面这句话听起来多让人绝望：我们德国人靠抽象来感觉，我们都被历史

---

[14] 出自格利尔帕泽的论文《论文学史》，尼采在引用时略有改动。(Neymeyr, 2020: 476)

学给毁了。——这一句话，将从根上摧毁尚未形成的民族文化的任何希望：因为诸如此类希望都源于相信德国人的感觉是真实的、直接的，源于相信内在性是完好无损的；如果信仰和希望的源泉浑浊了，如果内在性学会了跳跃、舞蹈、化妆，学会了用抽象和计算来表现自我，逐渐丧失自我，那么，还有什么值得期待、值得相信呢？[15] 倘若一个民族不再确信自己具有统一的内在性，倘若一个民族分裂为有教养者和无教养者，且有教养者的内在性被教坏了、带偏了，而无教养者的内在性却无法接近，那么，富于创造性的伟大天才如何能忍受在这样的民族中生存？倘若民族感觉的统一性丧失了，倘若他发觉，有些人自称本民族中有教养的人，还宣称自己拥有本民族的艺术灵魂，而这帮人的感觉却是经过伪造、粉饰的，他又如何忍受得了？[16] 即使个人的判断力和品位有时会变得

---

[15] 在《悲剧的诞生》中，尼采已经将对信仰和希望的宗教性想象同对真正的民族文化的期许联系在一起。这一想法很大程度上来源于尼采的"悲剧的再生"思想，他认为这种再生可求之于瓦格纳的"音乐剧"。在《悲剧的诞生》中，他以"规劝的口气"向志趣相投的瓦格纳狂热崇拜者说："是的，我的朋友们啊，请跟我一起相信狄奥尼索斯的生命，相信悲剧的再生吧。苏格拉底式人物的时代已经过去了：……现在只要放胆去做一个悲剧人物：因为您当获得拯救。"（尼采，《尼采著作全集》第 1 卷，2023，第 154 页。）不过，《历史对于人生的利弊》似乎显示，尼采对瓦格纳的那种自我展示持保留态度。尼采在晚期著作《瓦格纳事件》中明确批评瓦格纳的自我展示是一种浮夸的戏子习性。这种倾向在《历史对于人生的利弊》这段文字中已露端倪，尼采借此批评了纯粹装饰性的外表，也就是"内在性"的一种成问题的外化，所以他反对"内在性……跳跃、舞蹈、化妆"的倾向。（Neymeyr, 2020: 477）

[16] "统一性"的理想，在尼采的文化观念中极为重要，这从他在《不合时

更精致、更纯化——这也不足以弥补他的损失：他不得不只对一个小团体发言，而在全民族当中则不再需要他，这让他十分痛苦。此刻他或许更乐意把自己的财宝埋藏起来，因为他厌恶自己心忧天下却只能屈居一隅。民族的本能不再迎候他，[17] 他热切地张开双臂，却无济于事。现在他还能做什么呢？他只得把他的强烈恨意转过来，指向那起抑制作用的束缚，指向在本民族的所谓教育当中设置的障碍，这样，他至少能作为法官去审判和谴责那些对于他、生活者和创造生活者意味着

宜的考察》第一篇《大卫·施特劳斯——自白者与作家》中对于文化的定义足可见出：尼采批评德国人混淆了德法战争的军事胜利和"德意志文化的胜利"，并认为这说明"德国已经不存在纯粹的文化概念"。他接着指出："文化首先是一个民族的所有生活表达中的艺术风格的统一。而杂多的知识和博学既不是文化的必要手段，也不是它的一个标志；而且必要时会与文化的对立面即野蛮更加相配，也就是说，与缺乏风格或所有风格的混乱堆积相配。"（尼采，《尼采著作全集》第1卷，2023，第189页。）在本章前面，尼采也把现代的混杂性作为"野蛮"，同"一个民族的文化"即"这一民族的所有生活表达中的艺术风格的统一"相对照，描述了真正的文化的特征。因此，尼采对文化的评价，与20、21世纪的文化研究概念有根本区别，后者认为不应当贸然接受统一性的假设，认为文化应该由多元构成，鼓励包容异质元素。（Neymeyr, 2020: 477-478）

[17] "本能"（Instinct，一译"直觉"）预示了接下来第五章的主题。在第五章中，尼采谈到了"民族的本能"，"历史学驱逐了本能，就几乎将人变成了纯粹的抽象和阴影"，等等。在《悲剧的诞生》中，尼采已经将本能、无意识领域视为一种真正具有创造性的因素，反对过分推崇意识和理性认识，认为这是苏格拉底式人物和现代抽象的通病："在所有创造性的人那里，直觉恰恰是一种创造的和肯定的力量，意识表现为批判性的和劝告性的，而在苏格拉底身上却不然，在他那里，直觉成了批判者，意识成了创造者——真是一个缺损畸胎啊。"（尼采，《尼采著作全集》第1卷，2023，第104页。）（Neymeyr, 2020: 478）

毁灭和贬损的事物——于是，他就凭对自身命运的深刻洞察，换得了创造者和救助者的神性喜悦，最终变成了一个孤独的认知者、一个过度饱学的智者。这才是最令人痛心的一幕——任何人只要看到这一幕，就会认出这里存在一种神圣的紧迫性：他对自己说，这里一定要施以援手，必须恢复一个民族在天性和灵魂上的那种更高的统一，必须用紧迫性的重锤敲击，来弥合内在和外在之间的裂隙。现在他应该诉诸什么手段？除了他的深刻认识，他还剩下什么呢：通过把这种认识讲出来，传播开，毫不吝惜地撒播出去，他希望培植一种需求，而强烈的需求终有一天会引发强烈的行动。为了不再有人对我从哪里取得这种紧迫、这种需求、这种认识的例证心存疑虑，这里我要明确地证实，至高意义上的德意志统一，乃是消除了形式与内容、内在性与仪俗的对立之后达成的德意志精神和生活的统一。[18] 与政治上的统一相比，这才是我们追求和热切争取的统一。

---

[18] 早在《不合时宜的考察》第一篇《大卫·施特劳斯——自白者与作家》中，尼采就表示担心德法战争的胜利"有利于'德意志帝国'"，却导致"德意志精神的毁灭"。（参见：尼采，《尼采著作全集》第 1 卷，2023，第 185 页。）在《历史对于人生的利弊》中，尼采在德意志政治再统一的前景上加入了文化再统一的想象，描绘出一个普遍的乌托邦，即"德意志精神和生活的统一"的思想（尽管比较含糊），这种统一将"消除"内容和形式之间的分裂。由此，尼采期待实现一种建设性的综合，使之成为整个文化统一的典范。然而，尼采建构的东西说到底不过是统一的某种类比。（Neymeyr, 2020: 479）

五

我认为，从五个方面看，一个时代过度眷顾历史学，会不利于乃至危害生活：因为这种过度，产生了刚才讨论过的内在和外在的截然对立，个性遭到了削弱；因为这种过度，一个时代陷入了幻觉，自认为具有最稀有的德性、正义，并在程度上超越一切其他时代；因为这种过度，民族的本能受到了损害，阻碍了整体以及个体生长成熟；因为这种过度，那种无论何时都有害的信仰，即信仰人类的老年，甘作古人的后嗣（Spätling）和模仿者（Epigone），已经生根发芽；因为这种过度，一个时代陷入了自我嘲讽的危险情调，再进一步陷入了愈加危险的犬儒主义情调——然而，在这种情调下，这个时代愈来愈趋向一种聪明的利己主义实践，生命力由此而萎靡，最终遭到摧毁。

现在，再回到我们的第一句话：现代人的个性遭到了削弱。帝制时代的罗马人在服侍他的那个世界面前就变得不再像罗马人了，他在异邦人的簇拥下丧失了自我，在普世性的神灵、风俗和艺术的载歌且舞中走向堕落。[1] 现代人的处境必定是一样的，他不断让历史的艺术家为他张罗一场世界博览会的盛典；他作为看客，沾沾自喜，四下观瞻，置身于某种状态，在这其中，就连大战和大革命都无法引动片刻的改变。战争尚未结束，就已经被印刷上纸，发行成千上万份，被作为最新的兴奋剂，提供给那些味觉麻木却渴望历史的人尝鲜。[2] 即使用尽全力猛地拨动琴弦，也不大可能奏出高亢而饱满的音调：这个音立刻就开始衰减，再下一刻，便在历史的柔和与乏力中消散。从道德上讲，你们再也不能把握崇高的事物，你们的行动是闪电一击，不是天雷滚滚。你们可能成就最伟大、最奇妙的事物，尽管如此，它依然必须不声不响地迁往冥府。因为只要你们一用历史学的帐幕遮盖你们的举动，艺术就会逃之夭夭。人在长久震撼之中必然把不可理解的事物当成崇高

---

[1] 尼采将罗马帝制时期的颓废和现代人混乱的精神状态联系起来，认为现代人就像晚期的罗马人，由于形形色色"普世性"的冲动而陷入迷茫。在《不合时宜的考察》第一篇《大卫·施特劳斯——自白者与作家》中，他已经采用了类似表述，但强调的历史重点不同：他说的是"浪漫学派所混合在一起的所有神灵和神话的农神节"。（尼采，《尼采著作全集》第1卷，2023，第195页。）（Neymeyr, 2020: 479）

[2] 尼采以批评的语调描述了新闻业的生产活力，它即刻抢占历史事件来满足读者的猎奇欲望，这与当今的现代媒体时代是相似的：历史事件同样被物化为商品，为受众提供想象的现场目击体验效果。关于尼采的批评在 21 世纪的现实意义，参见法国学者雅克·勒里德（Jacques Le Rider）对当今情况的诊断："在全球化媒体时代，历史成了'即刻史'；眨眼工夫，事件就转化成了历史。我们的当下早已成为历史的当下。"（Neymeyr, 2020: 480）

的事物来把握，而谁在这一刻试图去理解、计算、领会，这种人就堪称理智，不过仅限于席勒对"智者的理智"的描述：有些东西，孩童能见到，他却见不到，孩童能听到，他却听不到；恰恰这些东西最关键：由于他不理解它们，他的理智比孩童更童稚，比天真更天真——哪怕他的面容如羊皮纸一般，有许多狡黠的皱纹，哪怕他的手指无比纤巧，善解盘根错节。[3]这就等于：他已经毁掉和丢失了自己的本能；当他的理智动摇，当他的前路要穿过荒漠，他就再也无法信赖本能这只"神兽"而信马由缰。就这样，个体变得犹豫不决，惴惴不安，没法再相信自己——他执迷于自我，沉沦于内在。这无非是说，他学到了一大堆乱七八糟的东西，沉迷于其中，而这些东西没有任何外在作用，或者说他领会了一大堆无法转化为生活的教诲。看一眼外在，不难发现，由于历史学驱逐了本能，就几乎将人变成了纯粹的抽象和阴影：无人再敢显露个性，而是将自己伪装成一个有教养的人、学者、诗人、政治家。倘若有人伸手去抓这些面具，因为他认为这些人是严肃的，不是在演一出闹剧——因为他们全都自诩严肃——那么，他手里突然就只剩下一把破布和斑斓的补丁。所以，人们不应该再受愚弄，

---

[3] 席勒的"智者的理智"等，指席勒诗歌《信仰的金言》第三段："美德并不是空洞的口号，人可在一生中遵行，哪怕他到处会不慎绊跤，他可以努力求上进，智者的理智所不能看到，有童心的人会简单做到。"（席勒，《席勒诗选》，钱春绮译，人民文学出版社，1984，第83页。）席勒的典故又出自《圣经》的《哥林多前书》(1:19)："就如经上所记：'我要灭绝智慧人的智慧，废弃聪明人的聪明。'"（Neymeyr, 2020: 480）

所以，人们应该呵斥他们："脱下你们的外套，要么就做到表里如一。"每一个天生严肃的人都不该再变成一个堂吉诃德，因为该他去烦恼的事情，比这样一种假想的现实更重要。不过，无论如何，他都必须看个通透，对每个戴假面的人高喊"站住，是谁？"，然后把假面扯到颈下。真是稀奇！人们本来以为，历史学特别会鼓励人诚实——哪怕做一个诚实的傻瓜；历史学的作用一直如此，但如今不是了！历史教育和市民的普遍礼服（Universal-Rock）同时在位实行统治。[4] 尽管"自由的个性"的调子从没有唱得现在这样响，但是，个性压根就未曾见过，自由的个性就更不用说，只有胆怯地把全身包裹起来的普遍人类（Universal-Mensche）。个人已经退缩进了内心——外表上再也看不到他的丝毫踪影；于是，人们不妨怀疑，究竟有没有无果之因。或者，是否需要一批阉宦来照看这个伟大历史的世界后宫？[5] 在阉宦看来，纯粹客观性当然非常合适。他

---

[4] "市民的普遍礼服"，指 1860 年出现在英国并迅速流行的一种休闲上衣。在旧制度下，社会各等级皆有独特的服色表示等级差异。尼采在本书第九章抨击的哈特曼《无意识哲学》（1869）也提到："于是对天才的需求越来越少，所以无意识的创造也越来越少；资产阶级的黑色礼服使社会等级平均化，同样，我们在精神方面也越来越趋于笃实的平庸。"（Neymeyr, 2020: 481）

[5] 阉宦即去势的、无法生育的男性，在东方常用来看守后宫，西方在洛可可时期也用阉割的少年组成合唱队。尼采用"阉宦"这一隐喻来对比处理历史的不同模式。历史学也是不育的、毫无创造性的，导致历史中"只有故事，但没有事件"，而这又是现代人缺乏活力的颓废形态造成的。尼采将这种处理历史的错误方式，同另一种积极的替代方式，即"自由的个性"的方式加以对照，自由的个性在一言一行上皆能保持真诚，从而揭示出"现代人的困厄"。（Neymeyr, 2020: 481）

们的使命似乎就是守护历史（Geschichte），确保历史之中只有故事（Geschichten），但没有事件（Geschehen），[6] 预防个性借助历史变得"自由"，就是对己诚实，也对人诚实，一言一行皆如此。唯有通过这种真诚，现代人的困厄，即内在的贫乏，才会曝露，艺术和宗教才能作为真正的救助者，取代那些卑怯地掩藏的仪俗和伪装，共同培育一种适应真正需求的文化，而不是像如今的普通教育一样，只教会人诳骗这些需求，从而变成行走的谎言。[7]

---

[6] 此处，"历史"（Geschichte 的单数）是指统一的、融贯的总体历史或普遍历史，"故事"（Geschichte 的复数 Geschichten）是指历史学家对事件的各种叙述和阐释，而"事件"（Geschehen）则是未经历史学加工的、发生在某时某地的事件。黑格尔在《历史哲学》中说过，现代人的历史教养"能够把一切的事变立刻变为历史的表现"。（黑格尔，《历史哲学》，2022，第 3 页。）这里的"事变"（Begebenheit）大概相当于尼采说的"事件"，而"历史"（Bericht，一译"报告""报导"）相当于尼采说的"故事"。若是进一步将这些"故事"抽象成一种具有目的或规律的历史（例如神意、理性或绝对精神的实现等），就成了尼采说的单数"历史"，即后来所谓的"宏大叙事"。——译者注

[7] 在早期著作如《悲剧的诞生》中，尼采认为宗教是"苍白而疲乏的"。（参见：尼采，《尼采著作全集》第 1 卷，2023，第 136 页。）在同时期的笔记中，尼采认为宗教已经堕落了，要被一个艺术的时代接替。但是，在《历史对于人生的利弊》中，尼采却认为，宗教和艺术可以"作为真正的救助者"来"共同培育一种适应真正需求的文化"。在 1875 年的笔记中，尼采主张一种摆脱超验性的、世俗化的宗教，并将之扩展到审美领域。他还将宗教的概念和自我超越的姿态联系起来，服务于文化贵族的教育："我的宗教，倘若还能称为宗教，乃是致力于培育天才；教育是一切给人希望的东西，而一切给人慰藉的东西就是艺术。教育就是对被培育出的事物的爱，一种超越自爱的爱，宗教是'超越我们自己的爱'，而艺术品就是这样一种超越我们自己的爱、圆满之爱的映像。"（Neymeyr, 2020: 482）

一切科学中最真诚的科学、赤诚的女神——哲学，在一个深受普遍教育之苦的时代，陷入了怎样一个不自然、矫揉造作、微不足道的境地！在这样一个强行贯彻外在划一性的世界里，哲学仍然是孤独漫步者的博学独白，[8] 是个人偶然猎获的野兽，是遮遮掩掩的密室告解，或是老学究与孩童之间的无害唠叨。[9] 无人再敢躬自践行哲学的法则，无人再以哲学的方式生活，或具备那种单纯的男子汉的忠诚，这忠诚感迫使一个古人，只要他曾经宣誓服膺斯多葛哲学，那么，不论他身在何处，所业何事，都表现得像一个斯多葛派。[10] 一切现代哲学思维都受到政治的、警察的限制，被政府、教会、学院、风俗、人类的怯懦限制在徒有其表的博学上：它只会叹息"若是……"，或者只知道"从前有……"。要是哲学不满足于一种内敛的、无效果的知识而想要更多，那么，它在历史教育里边是毫无权利的。只要一个现代人是勇敢和果决的，只要

---

[8]　指卢梭于 1776—1778 年创作的带有自传色彩的《一个孤独漫步者的遐想》。（Neymeyr, 2020: 484）

[9]　"老学究与孩童之间的无害唠叨"，出自第欧根尼·拉尔修（Diogenes Laertius）所著《名哲言行录》中老狄奥尼修与柏拉图之间的对话。培根在《新工具》中谈到古希腊哲学家沉溺于争辩时评论，他们的学说大部分都只是"无聊老人对无知青年的谈话"。（参见：培根，《新工具》，许宝骙译，商务印书馆，1984，第 48—49 页。）——译者注

[10]　尼采认为，古代的斯多葛派要求生活伦理与哲学理论的绝对一致。"男子汉的忠诚"，指在古希腊的斯多葛派中流行的英雄式男性的理想，古罗马的斯多葛派进一步强化了这一习性，甚至拉丁文的美德（virtus）一词在词源上也与特殊的男性（vir）举止相关。（Neymeyr, 2020: 484）

他不是即使心有怨憎也只敢止于内心，他就会放逐哲学；于是他羞耻地把赤裸的哲学遮掩起来，自以为得计。诚然，人们还在以哲学的方式思考、写作、出版、演讲、教学——到此为止几乎一切都是允许的，唯独在行动上，在所谓的生活中，情况大不一样：在这里只允许一件事，其他的一切绝不可能——这就是历史教育的愿望。人们不禁要自问，这还算人吗，抑或仅是一些能思考、写作和说话的机器？

歌德曾经评价莎士比亚："他比任何人都更轻蔑物质性的服饰；他非常懂得人类的内在服饰，在这方面人人都是一个模样。有人说，他笔下的罗马人写得尤为精彩；我不这么看；这些角色更像地地道道的英国人，他们当然也是人，赤裸裸的人，罗马长袍一样很合他们的身。"[11] 现在我要问，如今有没有可能把我们的文人、公众人物、官吏和政治家也描绘成罗马人？这是全然没有指望的，因为他们不是人，而只是徒具血肉的实用手册，如同有形体的抽象物。假使他们有什么性格和自身风格，那这一切也隐藏得太深，以至于根本无法见诸天日；假使他们是人，也只有在"察验人肺腑者"看来，他们才是人。[12]在其他任何人看来，它们都是另一种东西，非人，非神，非兽，而是历史教育的产物，纯是形态、图像，纯是形式而缺少经得

---

[11] 出自歌德的论文《莎士比亚与无尽》。（Neymeyr, 2020: 484）

[12] "察验人肺腑者"，出自《圣经》中的《耶利米书》（11:20）、《诗篇》（7:10）、《启示录》（2:23）等处。在基督教信仰中，唯有上帝能洞察人的最深刻内在。（Neymeyr, 2020: 484）

起推敲的内容，遗憾的是，连形式也只是糟糕的形式，而且千篇一律。于是，我的这个论点就方便理解和深思了：唯有刚健的个性才能承当历史学，孱弱的个性只会被历史学彻底压垮。根子就在于，只要情感和感觉还没有强健到能够根据自身来度量过去，就会受历史学困扰。一个人，如果不敢再相信自己，而是下意识地为自己的感觉向历史学寻求建议："我在这里该如何感觉？"那么，他就会渐渐地由于胆怯而变成一介优伶，扮演着某个角色，往往还是多个角色，结果每个角色都十分拙劣和平庸。渐渐地，人类和他的历史学领域之间的全部一致性都消失了；我们眼看一群琐屑、冒失的家伙在罗马人身边出没，仿佛他们能和罗马人分庭抗礼：他们在希腊诗人留下的残篇断简中翻拣，仿佛这些躯体（corpora）是专供他们解剖的，而且是廉价的（vilia），其实他们自己的文学作品集（litterarischen corpora）才是廉价的。[13] 假设某人在研究德谟克利特，我总是不禁要问：为何不是赫拉克利特？或者斐洛？或者培根？或者笛卡尔？等等。接着再问：为何偏偏要研究一个哲学家？为何不是一个诗人、一个演说家？还有：为何偏偏是希腊人，为何不是英国人或土耳其人？难道过去的历史还不够丰富，足

---

[13] 尼采用了拉丁文"corpus"一词的双关语：这个词首先指人的身体，在人死后作为物理遗存，供解剖之用，又可转义为文本汇编、文集。"vilia"意为廉价的，转意为没有价值的、不值钱的。接下来尼采还讲到，空心化的受过教育的人对作品不管不顾，只关心其作者的历史，且"解剖他如何选择、加工素材"云云。（Neymeyr, 2020: 484-485）

够让你们寻出一点东西让自己显得不那么可笑地任意么？[14]
但是，正如前面讲的，这一代人就像阉宦；在阉宦眼里，一
个女人跟另一个女人差不多，都只是女人、"自在之女"，[15] 属
于永远不可接近者——所以，你们研究什么，其实无关紧要，
只要历史本身被"客观地"好好保存下来，由那些绝不能自己
创造历史的人保存。既然"永恒的女性"绝不能指引你们向上，
你们就把它下拉到自身，并作为中性人（Neutra）把历史也当
作中性的（Neutrum）。[16] 不过，为了不让人误解我当真把历

---

[14] "琐屑、冒失的家伙"以下这段话，或隐含了尼采对当时研究古希腊罗
马的古典语文学者的不满。他在《论我们教育机构的未来》第三次公开
演讲中讽刺地描述："年轻一代的古典语文学者……从其大学时代开始
就在令人惊叹的希腊世界的遗迹上随意践踏，自鸣得意，……某人穷其
一生去计算古希腊和古罗马诗人的诗篇的长度，并为发现'7:13=14:26'
的比例等式而欣喜不已。还有某人甚至提出可以从介词的角度来解决荷
马史诗中的问题，相信可以借用介词'向上'和'向下'而从荷马的井
里捞取真相和真理。总之，所有这些人尽管怀着不同的目的，但却都是
笨拙地在古希腊遗迹上不倦地挖掘和倒腾。"（尼采，《尼采著作全集》
第 1 卷，2023，第 778—779 页。）尼采此处提到的"某人"及其研究皆
暗指当时德国古典语文学界的著名学者，如兰克的老师戈特弗里德·赫
尔曼（Gottfried Hermann）、卡尔·拉赫曼（Karl Lachmann）等。——
译者注
[15] 永远不可接近的"自在之女"（das Weib an sich），似乎是对康德哲学的
重要概念"自在之物"（Das Ding an sich，一译"物自体"）的戏仿。康
德认为，人的知性仅能认识经验现象，而自在之物是超经验的，是人的
认识所达不到、不可知的。——译者注
[16] 出自歌德《浮士德》末尾的《神秘合唱》："一切无常者，不过是虚幻；
力不胜任者，在此处实现；一切无可名，在此处完成；永恒的女性，领
我们飞升。"（歌德，《歌德文集：浮士德》，1999，第 665—666 页。）
(Neymeyr, 2020: 485)

史同"永恒的女性"相提并论，我要更清楚地指出，恰恰相反，我把历史视为"永恒的男性"。只不过，对于那些彻底"有历史教养"的人来说，历史究竟是前者还是后者，必然是完全无关紧要的，毕竟，他们自身既非男性，也非女性，甚至亦非阴阳共性，而永远只是中性，说得有教养一点，只是永恒的客观性。

个性一旦经由上述方式被掏空成永恒的无主观性（Subjectlosigkeit），或一些人所说的客观性（Objektivität），那么就再也没有东西能影响它了；也许会发生一些好事、义举，如事业、诗歌、音乐，可是空心化的受过教育的人，对作品不管不顾，先打探其作者的历史。若是这位作者创作过更多作品，就必须立刻对他迄今为止以及日后可能的发展历程做出解释和猜测，就必须立刻将他同其他人放在一起比较，解剖他如何选择、加工素材，将之拆解，再巧妙地重新拼接，最后将之作为整体来施加告诫和指摘。还可能会发生最令人惊叹的事，一大群历史学的中性人已经就位，准备好从遥远的距离概览作者。对作家作品即刻就有了反响——但总是以"批评"的形式，而就在不久之前，批评家做梦也想不到会发生这样的事。随处都产生不了效果，只产生一次又一次的"批评"；批评本身也不产生任何效果，而仅是再次经受批评。于是大家一致同意，批评得多就等于有效果，批评得少就等于失败。但是，说到底，哪怕有了这样的"效果"，一切都还是照旧：一段时间人们闲聊一个新话题，过一阵又聊点更新的话题，在此期间他们却不改素履。我们的批评家接受的历史教育，已不再容许产生一种真正意义上的效果，即一种影响生活和行动的效果：在最浓黑的字迹上，他们立即覆上吸墨纸；在最优美的素描上，他们添上重彩的笔触，自以为是一种补救，于是一切再次收拾停当。然而，他们批评的笔杆从未停止摇动，因为他们已经失去了控笔之力，与其说他们在运笔，毋宁说他们在为笔所运。他们无节制地倾泻自己的批评，缺乏对自己的控制，恰好暴露了现代人的虚弱个性，罗马人称之为无能（impotentia）。

六 [1]

不过，我们姑且饶过这个弱点。我们要转而讨论现代人一个备受称许的强项，问出一个有点让人难堪的问题：现代人是否有资格因其著名的历史学"客观性"而自诩为强健，也就是公正，且自诩其公正的程度比其他时代的人更高？[2] 这

---

[1] 本章对所谓"客观性"进行了反思，由此，尼采也批判了 19 世纪历史科学尤其是兰克史学的基本取向。在 1871 年的一则笔记中，尼采已经指出："恰是我们这个时代标榜其'客观的'甚至毫无预设的历史学，我只想指出，这种'客观性'完全是痴人说梦。那种历史著述，倘若它不满足于成为干巴巴的史料汇编，充其量也只是用来说明普遍哲学命题的范例集，它的价值取决于收集的范例是长期有效还是暂时有效。……"在 1873 年的尼采手稿中，还有一篇较为详细地分析"客观性"的文字，其中有部分内容与本章相同。(Neymeyr, 2020: 486)

[2] 尼采在本章中用了更多篇幅转而讨论强健是否就是公正（所谓"力量即正义"）这一命题。他首先将"真理"视为完全的"公正"的前提，从而质疑了前述命题，并且也削弱了"客观性"的合理性。在早期著作《在道德之外的意义上的真理与谎言》中，尼采也从认识论和语言批判的视角对所谓客观性提出了质疑，他认为"像主体和客体这样两个绝对不同的领域之间根本就不存在因果性、正确性，不存在表达，有的最多是一种审美行为"，即"一种勾勒性的改写，是吞吞吐吐地翻译成另一种完全

种客观性是否真的源于对正义的愈加迫切的需求和渴望？或者，它其实完全是另外一些原因引发的结果，却造成了这种假象，仿佛正义才是这一结果的真正原因？它是否会让人对现代人的德性产生一种过分谄媚的从而有害的偏见？——苏格拉底认为，自以为具有德性而实则并不具有，堪称一种病苦，甚至近乎疯癫；并且，这样一种自负，比起同它对立的妄想，即自认有过错、有恶习，要更加危险。因为借助后一种妄想，或许还有上进的可能；而前一种自负，却让一个人或一个时代日趋卑劣，于是——在这种情形下，也就变得更加不公正。

确实，有着追寻正义的愿望和力量的人，比其他任何人都更值得我们景仰。因为，一些最崇高、最稀有的德性，就结合在、潜藏在正义之中，一如百川汇聚在深不见底的汪洋中，消融为一。那受命主持审判的义人，他举起天平之时，手不再发颤；他锱铢必较之时，目光不再浑浊；他宣布判决之时，嗓音既不刺耳也不沙哑。[3] 如果他是一头冷酷的知识神魔，极

陌生的语言"。(尼采，《尼采著作全集》第 1 卷，2023，第 974 页。)(Neymeyr, 2020: 487-488)

[3] 早在《悲剧的诞生》中，尼采就采用了法庭审判的意象："今日我们所谓的一切文化、教化、文明，有朝一日必将出现在狄奥尼索斯面前，接受这位可靠的法官的审判！"(尼采，《尼采著作全集》第 1 卷，2023，第 149 页。)此处，尼采一如既往地选择展现一种末世论的激情，让人联想到《圣经》尤其是末日审判。因此，接下来尼采将理想的法官描述成施行判决和惩罚的上帝，"置于一个孤独的高处，成为人类最值得崇敬的榜样；因为他希求真理，而这个真理，不仅是冰冷、无效的知识，而且是发号施令和施行惩罚的法官；这个真理不仅是个人的私有财产，而是一

其可怕的威严会在他周遭笼罩一层的寒冰空气，让我们生畏，而非让我们生敬；不过，他毕竟是个人，只是企图从轻率的疑虑上升到严厉的确信，从宽容的温和上升到"你必须"的命令，从宽宏这一稀有美德上升到正义这一最稀有的美德，于是，他此刻就酷似那个神魔，但一开始无非是一个可怜的人类，而且一般来说，他无时无刻不在为自己是个人而受罪，可悲地为了一种不可能的德性而折磨自己——所有这一切把他置于一个孤独的高处，成为人类最值得崇敬的榜样；因为他希求真理，而这个真理，不仅是冰冷、无效的知识，而且是发号施令和施行惩罚的法官；这个真理不仅是个人的私有财产，而是一种神圣的权利，有权挪动一切私有财产的界石；总之，这个真理就是末日审判，[4]绝不是个别猎人捕获的猎物和乐趣。

种神圣的权利，有权挪动一切私有财产的界石；总之，这个真理就是末日审判"。(Neymeyr, 2020: 489)

[4] 尼采在本书中多次使用了"末日审判"的意象，具体的情境稍有不同，包括用来描述一种神学目的论，或者用于描述黑格尔哲学。在席勒的诗歌《忍从》中，"真理"和"末日审判"的联系也像尼采此处强调的一样居于核心位置。诗中的"我"在毫无乐趣的人生尽头，谴责名为"真理"的神子及其虚假的许诺，以一种富于启发意义的方式将"世界历史"和"末日审判"(Weltgericht，直译"世界审判")相提并论，诗中描述有两种花可供人子中的天才欣赏，即"希望"和"享乐"，然后诗人感慨："如果摘下二者中的一枝花，另一枝就得放弃。不能信者，就享乐。这句古话像世界一样永久。能信者，克制吧！最后审判总结一部世界史。"席勒洞察了世事并感到失望，全诗以"你有了希望，酬劳已付给了你，信仰就是实现了的幸福"结尾。(参见：席勒，《席勒诗选》，1984，第10页。)此外，黑格尔也将"世界历史"和"末日审判"意味深长地联系起来。(Neymeyr, 2020: 490)

只有当求真之人拥有无条件地追求正义的意志，到处都盲目称颂的那种对真理的追求，才说得上伟大；而在较迟钝的人眼前，好奇、害怕无聊、善妒、虚荣、嗜赌等一大堆各式各样的冲动，它们与真理毫无关联，却和源自正义的对真理的追求搅和到了一起。[5] 于是，世上貌似遍布这类"为真理服务"的人；然而，正义的德性却很少见到，更少得到承认，且几乎总是被人恨入骨髓——相反，乔装具有德性的那帮人却每每备享尊荣，神气十足。极少有人真诚地为真理服务，因为只有极少人具备追求正义的纯正意志，在他们当中，拥有实现正义的力量的人则要更少。徒有追求真理的意志，还远远不够：最可怕的苦难恰恰源于徒有正义的冲动，却又缺少对人类的判断力；因此，实现普遍福祉的条件只有一个，就是尽可能广泛地播撒

---

[5] 这一系列同真理毫无关系的动机，已见于尼采在《不合时宜的考察》第三篇《作为教育者的叔本华》中对学者的讽刺。尼采区分了形形色色的追求真理的可疑动机，由此对学者群体做了一个讽刺性的分类：好奇心、寻求智力冒险的狂热、捕猎和游戏的乐趣，以及好标新立异、斗争和胜利的快感、安逸、奴性、对导师忠心耿耿、野心、嫉妒、虚荣、好奇心带来的乐趣或对无聊的恐惧……这些动机都能够驱策学者去发现"真理"。最后，尼采感叹："为了服务于一种从根本上是非人性的事务，为了那些纯粹的、无足轻重的、因此毫无激情的认识，一群微小的、相当人性的动机却混合起来形成了一种化学混合物"，把这些成分合起来，就成了"为真理服务之人。"（参见：尼采，《尼采著作全集》第 1 卷，2023，第446—451 页。）后来，在《朝霞》一书中，尼采把缺乏内在动力而从事知识活动的人称为"知识的唐璜"："他对已知的没有兴趣，只有知识的追逐和引诱才能打动他，诱惑他，吸引他——直到最高和最远的知识星座！"（尼采，《朝霞》，田立年译，华东师范大学出版社，2007，第 312 页。）(Neymeyr, 2020: 491)

判断力的种子，好将狂信者同法官区分开来，将渴望当一回法官的盲目愿望同能做审判的自觉力量区分开来。可是，培育判断力的方法又从何而来呢！——所以，当有人向众人宣讲真理和正义时，这些人总在犹疑不决中来回摇摆，猜疑对他们发话的究竟是狂信者还是法官。由于这个缘故，如果他们总对那些"为真理服务者"青睐有加，我们应该原谅他们，虽然这些"为真理服务者"既无意志也无能力作为法官来评判，他们为自己设定的任务是寻求"纯粹、无效"的知识，说得更清楚一点，寻求产生不了任何结果的真理。世上有许多无关痛痒的真理；对有些问题，甚至无须付出什么努力，更不用说什么牺牲，就可以做出正确判断。在这一无痛无害的领域，一个人很容易化为一头冷酷的知识神魔；但尽管如此！如果哪怕在特别有利的时代，整批学者及研究人员全都化为这类知识神魔，那么，遗憾的是，这样的时代可能依然缺少严格而伟大的正义，简而言之，缺少所谓真理冲动的最高贵核心。

现在，想象一下当代的历史学名家：他是他那个时代最公正的人吗？[6] 诚然，他在自己身上培育出了一种无比细腻和敏锐的感觉，以至于他能亲近一切人性的事物；彼此差异极大的诸多时代和诸多人物，在他的琴弦上重新奏响，那也绝

---

[6] 指现代历史科学的"奠基人"兰克（Leopold von Ranke，1795—1886）。兰克从当时的历史主义出发建立了一套科学方法论，标志着早期的历史哲学方法转向以对史料的批判研究为基础、以客观性原则为导向的系统性的历史科学。（Neymeyr, 2020: 492）

不走调：他成了一个历史遗响的被动共鸣器，再经由自身共鸣继续触发其他被动共鸣器，直到最后，一个时代的整体氛围充斥着诸如此类轻柔而相似但毫无章法的共鸣。[7] 然而，在我看来，人们似乎只能听见每个原本的历史主音的那些泛音，而原初主音的那种激越有力，从这些单薄而尖锐的弦音中再也无从揣摩。另一方面，原本的音调常在人身上唤起行动、急迫和惊恐，而这弦音却让我们昏沉，把我们变成柔弱的享乐者；这就好像把《英雄交响曲》改编成一对长笛合奏，供半梦半醒的鸦片吸食者享受。由此我们便能判断，现代人对于更高和更纯粹的正义的至高追求，在这些历史学名家身上是何种面貌；这种德性从不讨人欢喜，也没有热血的激昂，而是强硬、可怕。与之相比，宽宏（Grossmuth）在德性序列中的位次多么低微，也难得几个历史学家有宽宏这一品质！大多数历史学家仅能做到宽容（Toleranz），也就是做到承认绝无法否认的事实，做到对事实加以整饬并以克制的善意加以修饰，因为他们机智地假定，只要不用任何严厉口吻、不表现分毫怨恨地复述过去，不明就里的人就会把这当成正义的德性。然而，唯有力量超卓者才能进行审判，至于弱者，除非他们打算佯装强者并把法官席上的正义变成优伶，那就只好宽容。另外还剩

---

[7]　尼采对"当代的历史学名家"的这一批判性描述，也符合兰克的夫子自道。在《英国史》第 5 卷序言中，兰克谈到了他身为历史学家的自我认识，历史学家应该以追求客观性为己任："我希望摒除自我，只让事实说话，展现强大的动力。"（Neymeyr, 2020: 492）

下一种可怕的历史学家，他们干练、严谨、实诚——但头脑顽固；他们既有追求正义的善意，又有进行审判的激情：可是，全部的判决都是错误的，错误的原因和那些普通的陪审团做出的判决错误一样。所以，历史学天才的纷至沓来几乎是不可能的！这里要剔除那些装模作样的利己主义者和党派分子，他们对自己耍弄的那套丑恶把戏却装出一副不偏不倚的姿态。同样还要剔除的，是那些轻佻之徒，他们作为历史学家写作，却抱有一种天真的信念，认为他们时代的一切通俗见解都是正确的，遵照这个时代来写作就等于追求正义；这样一种信念，每一种宗教都要靠它生存，在此不必赘论。在那些天真的历史学家看来，"客观性"就是用当世通行的想法来衡量过去的想法和行为：在当世他们能找到一切真理的规范；他们的工作就是把合乎今时之宜的平庸琐屑赋予过去。反过来，任何不将这类通俗想法奉为圭臬的历史著述，他们都贴上"主观的"标签。

对"客观"一词的阐释，哪怕陈义至高，岂能保证不会同时造成一种错觉？"客观"一词，一般理解为历史学家的一种状态，在这种状态中，他纯粹地观照某个事件的全部动机和后果，纯粹到这一事件对他的主体不产生任何影响：这就是一种审美现象，一种脱离个人好恶的状态。[8] 正是带着这种

---

[8] 此处可看出尼采受康德和叔本华美学的影响。康德认为，审美鉴赏是"一种无利害的和自由的愉悦"。（康德，《判断力批判》，邓晓芒译，人民出版社，2002，第45页。）叔本华强调无利害的直观是"人们忘记了他的

状态，画家在狂风暴雨、电闪雷鸣或海涛汹涌的景象之中反观自己内心的画面；换言之，就是完全沉浸于事物当中。不过，以为事物给处于这种状态下的人展示的画面再现了事物的经验性本质，却是一种迷信。或者说，彼时彼刻，事物是否通过它的活动把自己映现、成像、摹印在了某个纯粹被动的物体上？

这简直是一个神话，而且还是一个拙劣的神话：尤其不要忘了，这一时刻正是艺术家内心最强大、最主动的创造时刻，也是最高程度的构成时刻，最终成果很可能是一幅艺术上真实而不是历史学上真实的绘画。剧作家悄悄在做的，就是以下述方式来客观地思考历史；就是把一切排在一起思考，把单个的事物编织成整体：时刻遵循着一个前提，在事物之中必定含有一种有计划的统一性，哪怕其实没有。人类就这样在过去上面织网，束缚着过去，就这样表现出自己的艺术冲动——但不是他追求真理、追求正义的冲动。[9] 客观和正义毫不相干。

个体，忘记了他的意志；他已仅仅只是作为纯粹的主体，作为客观的镜子而存在"，在这种境界中，人认识到事物就"是理念，是永恒的形式"。（叔本华，《作为意志和表象的世界》，2018，第249—250页。）（Neymeyr, 2020: 492-493）

[9] 在这段话中，尼采视艺术高于科学，是受了瓦格纳的影响，他在《悲剧的诞生》和同时期的笔记中都表达过类似看法。尼采经由贬低科学（以当时的历史科学为范例）来确立艺术家和艺术的首要地位。此处又涉及亚里士多德的《诗学》（尽管在其他地方尼采基本不赞同这部著作），亚里士多德认为："诗人的职责不在于描述已发生的事，而在于描述可能发生的事，即按照可然律或必然律可能发生的事。……历史家与诗人的差

可以想见，一部历史著述并不含一丝庸俗的经验性真理，却依然有权声称自身是极度客观的。诚然，格利尔帕泽敢于宣称："历史学是什么？无非是这样一种方式，通过这种方式，人的心灵将那些他无法看透的事件接纳进来；将上帝才清楚是否存在联系的事物联系起来；用能够理解的取代无法理解的；将他的外在合目的性概念强加给一个只具有内在合目的性的整体；在有无数细小原因起作用的地方假定有偶然性。每个人同时有独自的必然性，于是有千百万种方向同时以曲线和直线的形态彼此平行、交错、促进、阻碍、前进和后退，从而各自具有了偶然性的特征，因此，除开自然界发生的事件

别……在于一叙述已发生的事，一描述可能发生的事。因此，写诗这种活动比写历史更富于哲学意味。"（亚里士多德，《诗学》，1962，第28—29页。）根据亚里士多德的区分，尼采认为，"艺术家内心"产生出的最终成果"是一幅艺术上真实而不是历史学上真实的绘画"，接着又说："剧作家悄悄在做的，就是以下述方式来客观地思考历史"。尼采所说的剧作家，首先就是席勒及其创作的历史剧。赫尔德早就将历史和戏剧艺术联系起来，尤其是其著作《莎士比亚》。他助长了对历史著述进行一种唯心主义的审美化，不仅影响到1800年以后的历史学，也影响到诸多历史剧、历史小说的形式，同时引发了对历史和诗歌关系的理论反思。关于历史的建构，即借助艺术冲动的策略性虚构，尼采在《朝霞》中有进一步的论述，他认为："历史学家所处理的，不是实际发生过的事，而是在人们想象中发生的事，因为只有在人们想象中发生的事才会有效。……他所谓的世界历史研究，其实只是关于各种想象中的行动及其想象中的动机的一些意见，这些意见反过来引起新的意见和新的行动，而其本身的实在却又一次立即蒸发了，只作为蒸汽起作用。……历史学家谈论的全都是一些除了在他们的幻想中从来没有在任何地方存在过的事。"（尼采，《朝霞》，2007，第302—303页。）（Neymeyr, 2020: 493-494）

产生的影响，一种贯穿始终、包罗万有的必然性是不可能得到证实的。"[10] 但是，正是由于人对事物加以"客观的"观照，这个必然性就显现出来了！这样一个假设，一旦被历史学家表述为自己的信条，只能显得非常奇怪。席勒非常清楚，这一假设其实是完全主观性的，他这样谈到历史学家："现象一个接一个地挣脱了盲目的偶然、无规律的自由，并被当成匀称的局部纳入一个和谐的整体——这个整体当然仅在他的想象中才存在。"[11] 但是，我们该如何看待一位著名的历史学名家的主张呢？这一主张表达得如此充满信心，却又巧妙地在废话和悖论之间摇摆不定："人类一切的活动和事业，岂不都受制于悄无声息、难以察觉，却又强大而势不可当的事物发展进程。"[12] 人们从这句话中感觉到的，与其说是隐秘的真理，

---

[10] 在这段话中，尼采前后拼接了来自格利尔帕泽《论戏剧学》和《论历史研究之用处》中的两段文字。格里尔帕泽在其中反思了历史的理性化以及目的论解释，他指出了人类如何试图通过主观投射的外部形式，来把握杂乱无章的异质事实。同时他也明确指出，这种冥想会导致两重危险：其一，一度"无法理解"的事物被强行合理化并赋予意义，于是假定了"整体"的合目的性；其二，由于无法洞悉因果联系的繁复性，只好仓促地假定存在偶然性。（Neymeyr, 2020: 495-496）

[11] 出自席勒《何为普遍历史？为何学习普遍历史》，略有文字改动。就在这段话前面，席勒还写道："既然如此，我们的普遍历史就只不过是零散碎片的聚合体，也绝对配不上科学这一名号。这时，哲学理智伸出援手，用人造的搭扣将这些碎片串联起来，将聚合体擢升为成体系、合乎理性且前后关联的整体。"（刘小枫主编，《从普遍历史到历史主义》，2017，第 174—175 页。）（Neymeyr, 2020: 496）

[12] 出自兰克的《罗马教皇史》。（Neymeyr, 2020: 97）

不如说是显豁的非真理；类似歌德笔下的宫廷园丁说的："大自然可以被强制，却不能被强迫。"又好比斯威夫特描述的某个市集商铺的招牌："来此观赏世上最大的、仅亚于它自己的大象。"[13] 人的所作所为和事物发展进程之间究竟有什么截然对立呢？我还发觉，这类历史学家，比方说我们引述过的这位，只要他们上升到普遍性层面，含混晦涩地表达他们虚弱的感觉，对于我们便不再有教益了。普遍性在其他科学中最最重要，因为普遍性包含规律。然而，倘若上述主张要被当成规律，我们就只能反驳说，如此一来，这个历史学家的劳动就白费了；因为，一旦除去上面说的那个晦涩难解的残余部分，这样的命题还剩下几分真理呢？——只剩尽人皆知，甚至无足挂齿的东西；因为每个人即使在最狭小的经验范围内都能觉察到它。不过，若是由此给诸民族全体带来烦恼，为此辛苦埋头工作数年，那就无异于在自然科学中，早就从现有的实验资料中推出了规律，却还在反复进行实验。此外，按照泽尔纳的说法，当代的自然科学其实已经苦于这种毫无意义的过度实验。[14] 如果一部戏剧的价值仅仅在于结尾的主题思想，那么，这部剧本身就成了通向这个目的的最漫长、崎岖、艰辛的道

---

[13]　分别出自歌德 1798 年 2 月 21 日致席勒的书信、18 世纪英国小说家斯威夫特（Jonathan Swift，1667—1745）的《诙谐作品集》第 1 卷（1844）。（Neymeyr, 2020: 497）

[14]　泽尔纳（Johann Karl Friedrich Zöllner, 1834—1882），德国天体物理学家。尼采的私人藏书中有他的著作《论彗星的性质：认知理论和认知历史论文集》（1872）。（Neymeyr, 2020: 497）

路；因此，我希望历史学不要在普遍性思想上发现自身的意义，仿佛历史学只是花，普遍性才是果实，相反，历史学的价值恰恰是把一个熟知的、兴许是寻常的主题，一个日常的曲调，加以睿智地改写，加以提振，使之上升成为一个蕴含丰富的象征，于是，自成一方天地的深刻、强力和美感就从原先的主题中被揭示出来。[15]

不过，要做到这一点，首先需要有一种伟大的艺术家力量，一种富于创造的回翔，一种在经验资料中的亲密沉浸，一种从给定类型出发的再创作——当然，客观性也是必须的，却要作为积极的品质。[16]实则客观性常常只是一句空话。艺

---

[15] 尼采此处对历史的评价是积极的，但仍可见叔本华习惯将哲学和历史对立起来的影响。叔本华在《作为意志和表象的世界》中认为，关注普遍性是哲学独有的特征，使哲学高于所有其他科学。不同于哲学的认识方式，历史知识是较为低级的，它的"素材"仅是"个别的东西连带其细节和偶然性"，所以"并不值得人们对其认真、耗费脑力地思考"；历史事件变动不居，是"风中流云般的人类世界的那些匆匆而逝、错综复杂的人事"。由此，叔本华反对"扭曲思想、毒害精神的黑格尔虚假哲学"把偶然的现象同"世界的自在本质"混为一谈的基本倾向。（参见：叔本华，《作为意欲和表象的世界》第 2 卷，2022，第 543—544 页。）（Neymeyr, 2020: 497-498）

[16] 尼采在上一段将"最终成果"视为"艺术上真实而不是历史学上真实的绘画"，并且认为"剧作家悄悄在做的，就是以下述方式来客观地思考历史"。客观性的概念由此转向了艺术思维和创作的主观领域，从真实的事件及其决定因素转向了历史学家的理想建构。尼采这一审美化的历史观与席勒的文艺理论有明显相似之处。席勒在《论激情》一文中说："一切审美效果是建立在诗意的真实而不是建立在历史的真实之上的。"席勒在《论悲剧艺术》一文中认为，悲剧的"力量"出自悲剧的"诗意目的"，即认为戏剧的实际效果依赖其审美前提，从而"使历史的真实性屈从于

术家眼睛中的那种平静，本是内心惊涛骇浪、外表古井无波，如今成了佯装镇静；就好比一个人，缺少了激情和道德力量，便喜欢装出一副凝神观察的冷峻姿态。平庸的思想，凡俗的智慧，之所以看上去平静、安详，实则因为它乏味无趣，但在某些情形下，它又敢挺身而出，好被当作一种艺术家的境界，在这种境界中，主体不再积极活动，完全不惹人注意。这时，人就会寻找出一切缺少激情的东西，连最干涩的词汇也会变得最贴切。事实上，甚至可以认为，谁同过去某一时刻不发生丝毫纠葛，谁就最有资格来描述这一时刻。语文学家和古希腊人，他们彼此之间常常就是这样：他们彼此毫无纠葛。——所谓"客观性"如斯而已！在描述最崇高和最稀有的事物时，那种故作矜持的疏离姿态，那种搜肠刮肚的冷淡浅薄的开脱技巧，简直令人愤怒——尤其是一旦历史学家的虚荣心使他装出这种客观的冷漠态度。此外，对于这一类作者，对他进行评判就必须更多从如下准则出发：一个人有多没理智，他就有多虚荣。但是！至少要诚实！如果你们不是委身于正义者这一可

诗意的规则，按照自己的需要，加工得到的素材"。（参见：席勒，《席勒文集》第 6 卷，张玉书等译，人民文学出版社，2005，第 74—75、48 页。）另外，尼采关于艺术家的客观性思想，受到了叔本华美学的影响。在《作为意志和表象的世界》中，叔本华将审美直观的纯粹客观性视为认识"理念"的途径。尼采接下来说，在艺术家的境界中，"主体不再积极活动，完全不惹人注意"，也源自叔本华认为，在审美客体的观照中，认识主体的意志的"沉默"是无利害直观的特征，因而是"纯粹的"客观认识的前提。（Neymeyr, 2020: 498-500）

怕的天职，就不要企图获得艺术家力量（实际应称之为客观性）的表象，不要企图获得正义的表象。就好像每个时代的使命都应该是，必须公正对待存在过的一切事情！实则，诸时代和诸世代从来都没有资格去审判先前的时代和世代：唯有个人，且是最稀有的个人，才会被授予如此艰辛的使命。谁强迫诸位去审判？那么——请扪心自问，是否只要一厢情愿，就能够做到公正！作为审判者，你们必须比被审判者站得更高；你们实际不过是比被审判者来得更晚。[17]最后入席的客人，理当敬陪末座：而你们却要坐到上座？那么，至少去做那至高、至善之事；到那时，哪怕你姗姗来迟，席上也会给你让出一个好座位。

　　唯有从当代的至高力量出发，你们才可以解释过去：只有把自身最高贵的德性发挥到极致，你们才能察觉，在过去，有什么值得了解、值得保存，什么是伟大的。[18]同类方能相知！

---

[17] 在 1873 年的笔记中，尼采指出："法官应该态度冷漠吗？不：他只不应偏私，不应心存利害。最关键的是，他必须真正高居当事人之上。我看不出，为什么出生较晚的人就有资格作为法官审判出生较早的所有人。大多数历史学家只是居于他们的对象之下！"奈梅尔用这则笔记来解说本章开头"主持审判的义人"（Neymeyr: 2020: 489-490），但这则笔记显然同尼采在此处要求历史学家作为评判者就必须超越被评判者、成为比被评判者更卓越的人物的意思更加相关，故移置于此。——译者注

[18] 通过建构这种古今类比（Analogie），尼采以当下来阐释过去，以过去来观照当下。他在《悲剧的诞生》中差不多通篇贯穿了这一方法，并对他的思想有决定性影响。尼采把古希腊悲剧和瓦格纳的音乐剧（古希腊悲剧在现代的"重生"）进行了类比。借此，他尝试从当下来理解和阐释古希腊悲剧艺术。在《不合时宜的考察》第四篇《理查德·瓦格纳在拜

否则，你就把过去拖到和你一样低的水平。一种历史著述，如果不是从最稀有的天才的头脑中诞生的，就不能够信赖；不过，一旦不得不表达某些普遍性事物，或者复述某些众所周知的事物，历史著述的精神品质也会暴露无遗：真正的历史学家必须能够将广为人知之事，熔铸为前所未闻之事，将稀松平常之事以一种简单而深刻的方式宣告出来，让闻者因其深刻而不鄙薄其简单，因其简单而不觉其深刻。伟大的历史学家、艺术家和头脑浅薄之人，三者是不能兼容于同一人的：所以，不应该因为搬运工、填方工和筛沙工本来就不可能成为伟大的

罗伊特》中，尼采解释了他建构类比的方法："我们所经历的种种现象如此奇特，以至于如果我们不能回顾并穿越巨大的时间段，把这些现象与古希腊的类似现象联系起来，那么它们就会变得虚无缥缈，难以理解。这样，在康德和爱利亚学派之间，在叔本华和恩培多克勒之间，在埃斯库罗斯和瓦格纳之间，就存在这样的接近和渊源，以至于我们会被清晰地提醒一切时间概念极其相对的本质。看起来几乎许多事物相互联系，而时间只是一丛乱云，使我们难以看到它们之间的这种联系，……那些了解历史之人越来越感觉到，他们正看到一张脸上过去的熟悉特征。"（尼采，《尼采著作全集》第 1 卷，2023，第 504—505 页。）这种古今类比，曾为席勒所主张。席勒在《何为普遍历史？为何学习普遍历史》中指出："类比推断这个方法随处可见，在史学领域里也是一个强有力的工具和帮手，不过必须要有一个重大的目的才能证明其合理性，并且在运用时要像下判断那样小心谨慎。"这是因为"自然法则以及人的心绪都具有均质性以及不会改变的统一性。这种统一使得如果相似的外部状况聚集发生，那么在最为久远的古代发生的事件会再次出现在最近的时代。"（刘小枫主编，《从普遍历史到历史主义》，2017，第 174—175 页。关于席勒、康德、赫尔德和施勒策的类比方法论讨论，见第 174 页脚注 2。）（Neymeyr, 2020: 501-502）

历史学家而轻视他们；[19]但更不应该把他们跟伟大的历史学家混为一谈，而应该把他们看成大师需要的学徒和帮工：法国人——因为他们大概比德国人更质朴——过去常常就这么谈论梯也尔先生的历史学家。[20]这些工人可以逐渐成为大学者，可正因为如此，就绝不可能成为大师。一个大学者和一个大庸才——这二者更经常合二为一，同戴一顶帽子。

所以，历史是由经验丰富的人和高人一等的人书写的。一个人，他的经历若不是比所有人的经历都更伟大、更崇高，他也就绝不知如何解释过去的伟大和崇高。过去的言说永远是一种神谕：只有作为未来的建筑师，作为当代的认知者，你才能理解这一神谕。现在我们知道，德尔斐的神谕，其影响之深广如此非比寻常，主要是因为德尔斐的祭司都是精通过去的行家；[21]现在我们应该知道，唯有那些建设未来的人，才

---

[19] 此处尼采对"伟大的历史学家"和历史学工人的区分，或许受到了卡莱尔的启发。卡莱尔将历史学家分为两类：一类是历史学中的艺术家，他们"以整体的观念使一个卑微的领域变得崇高起来，为人们所熟悉并且习惯性地认识到，唯有在整体中部分才能得到真正的确认"。与此相对，历史学中的匠人则"在一个部门从事机械劳动，看不到整体，也不觉得有整体"。（参见：何兆武主编，《历史理论与史学理论：近现代西方史学著作选》，2021，第 247 页。）——译者注

[20] 梯也尔（Adolphe Thiers，1797—1877），1836—1840 年曾两度出任首相兼外交大臣，1871—1873 年任法兰西第三共和国总统。代表作有 10 卷《法国大革命史》（1823—1827）、20 卷《执政府和帝国史》（1843—1869）。尼采说"梯也尔先生的历史学家"，意在讽刺梯也尔在自己的著作中大量利用了其他历史学家的辅助工作。（Neymeyr, 2020: 503）

[21] 德尔斐是古希腊最重要的神谕发布地，德尔斐神谕在全希腊都具有极大

有权利审判过去。你们向前展望,给自己设定一个伟大的目标,通过这种方式,你们同时也在克制那种偏好分析的旺盛冲动,这种冲动如今正在当下肆虐,几乎扼杀了一切的平静、一切和顺的成长和成熟。你们要用一种伟大而广阔的希望、一种怀有希望的努力,把自己围挡保护起来。你们要在自己身上塑造一种可以调整未来的形象,不再甘当模仿者。[22]那未来的生活,足供你们去思考,去发明创造;但不要依赖历史学指示你们该如何去做、用什么去做。相反,如果你们亲历一遍伟大人物的历史,就会从中学到一条至高的命令,那就是,

---

的权威,尤其是女祭司皮提亚(Pythia)在阿波罗神的启示下颁布的神谕。(Neymeyr, 2020: 503)

[22] 自 19 世纪 30 年代开始,围绕"模仿性"(Epigonalität)的争论已成为时代文化批判的一个重要议题。古希腊语中的"epigonos"(ἐπίγονος)原指不带褒贬的子嗣或后人。但是德国文学家伊默曼(Karl Immermann, 1796—1840)将这个词运用到文化艺术领域中,写了一部小说《模仿者》(1836),批评同时代人缺乏创造性,只知追随、模仿古典主义和浪漫主义的前辈,由此产生了"模仿者"的贬义,并进一步在格利尔帕泽、冯塔纳(Theodor Fontane, 1819—1898)等人的作品中传播开来。尼采在《悲剧的诞生》和《不合时宜的考察》诸篇中多次反思过"模仿者"的问题,例如,在《不合时宜的考察》第一篇《大卫·施特劳斯——自白者与作家》中,尼采已批评过那些"为了拥有安宁"而"创造了'模仿时代'的这个概念"的人,他们"在遇到任何令人不快的新东西时都能立刻用'模仿性作品'这个否定性的判决来打发它"。尼采认为,这种模仿心态本质上是对"天才的主导和真正的文化要求的专制"的憎恨,结果"让有望出现的新鲜的和强大的运动停滞瘫痪、麻木迟钝或者解散解体"。(尼采,《尼采著作全集》第 1 卷,2023,第 196—197 页。)不过,关于"模仿者"心态的讨论在《历史对于人生的利弊》中尤为集中。(Neymeyr, 2020: 504-505)

要变得成熟，摆脱时代令人麻痹的教育枷锁，时代发现，不让你们成熟对它是有利无弊的，方便它统治、剥削你们这些不成熟者。倘若你们想要读传记，不要去碰那些题为"某某先生和他的时代"等陈词滥调的传记，要去读那些封面上印着"反抗他的时代的战士"的传记。用普鲁塔克来滋补你们的灵魂，信他笔下的英雄，从而勇于自信。[23] 若有百来个这样受过不合时宜的教育的人，换言之，这样成熟的、习于英雄事迹的人，我们这个时代的伪教育造成的喧嚣就可以永远沉寂了。

---

[23] 尼采认为，希腊哲学家、历史学家普鲁塔克（Plutarch，约50—125）是时代流弊的解毒剂。自文艺复兴以来，普鲁塔克一直是古典教育的组成部分。在《希腊罗马名人传》中，普鲁塔克对48位古希腊罗马名人的生平进行了对照叙述，例如亚历山大大帝对恺撒。此处尼采延续了人文主义的传统，将普鲁塔克笔下的英雄提升为现代人的不合时宜的榜样，同时这也和在本书第二章中提到的"纪念式历史"有关。（Neymeyr，2020: 505-506）

七

历史感，一旦它无拘无束地支配一切，引发它的全部后果，就会把未来斩草除根，因为历史感打破了幻想，清除了现存事物的大气层，而有了这层大气的保护，这些事物才能存活。历史学的正义，纵然是以纯洁的志向来真正实行，也是一种可怕的德性，因为它总是损害生者，致其衰亡：它的判决永远是一种毁灭。如果在历史学的冲动底下没有建设的冲动在起作用，如果不是先破后立，让已经活在希望中的未来在新恢复的地基上营建居所，如果徒有正义统治一切，那么，创造的本能就会被削弱和挫败。例如，在纯粹正义的支配下，一种宗教会被改造为历史学知识，在科学上被彻底地认识，但是，这条路走到尽头，宗教就毁灭了。原因在于，一番历史学的检讨，总是会让大量的虚伪、野蛮、非人、荒谬和暴力暴露在光天化日之下，结果必然是打碎了那种充满虔敬的幻想情调，而一切要生活的事物在这种情调中才能生活：唯有在爱中，唯有在爱之憧憬的荫蔽下，人才会创造，换言之，人唯有无条件信仰完美和正确的事物，才会创造。一旦强迫一个人不再无条件地去爱，也就斩断了他力量的根源——他必定枯萎，即变得不真诚。由于这样的效果，历史学与艺术就是对立的；唯有当历史学能容忍被改造成艺术品，转化为纯粹的艺术形态时，历史学或许才能维系乃至唤起人的本能。[1] 但是，这样一种历史作品，就会和我们这个时代分析性的、非艺术性的趋向背道而驰，就会被这个时代视同伪造。但是，历史学若是徒知破坏，没有某种内在的建设冲动来引导，长此以往，历史学的笔墨就会变得自命不凡、矫揉造作：因为这些人要破坏幻想，"凡破灭自己和他人幻想的人，将受到自然这个最严厉的暴君的责罚"。[2] 长期以来，人们诚然能够完全无害、无虑地从事历史学，仿佛这种职业和其他任何职业一样好；尤其是近代神学愿意同历史学为伍，似乎完全是由于历史学的无害性，而时至今日近代神学都不太情愿承认：如此一来，它其实在为

---

[1] 此处，尼采将"生活"或"生命"归结为本能性质。另外，尼采在其他地方都不曾像此处那样，如此明确地仅从"效果"出发对"历史学"进行评价。在瓦格纳的强烈影响下，尼采也表彰艺术而批判科学（见本书其他地方特别是第六章）。然而，唯独在此处，尼采才将反理性主义的基本立场，推进到了设想历史学应转化为"纯粹的艺术形态"的地步，从而否定了任何历史学应该成为一门科学的主张。当然，应该注意，尼采所说的科学，更多是一种片面的、以实证主义为基础的科学概念。尼采抨击这种科学概念的强烈局限性，主张在历史学中也采用艺术性、创造性的表达形式。（Neymeyr, 2020: 507）

[2] 出自歌德《关于自然的断章》，尼采转引自哈特曼的《无意识哲学》（C篇第13章，第620页）。（Neymeyr, 2020: 507）

伏尔泰的"根绝丑恶之物"效力，而这或许相当违背它的初衷。[3]
没有人会去想这背后有什么新的、强大的建设冲动；除非人
们打算把所谓的新教协会看成一种新宗教的母胎，把律师霍
尔岑多夫（不少人所谓的"新教圣经"的出版者和早期宣讲者）
看成约旦河边的先知约翰。[4] 有些时候，仍然充斥着老一辈人

---

[3] 1759 年至 1768 年，伏尔泰在写给某个自由思想家朋友的信中以"根绝
丑恶之物"（Écrasez l'infâme）的口号署名，主要是针对基督教会。他还
常在这类书信中以"根绝丑恶之物"的缩写形式"Écr. l'inf"或"Écrlinf"
代替真名，法国的书信审查官便以为这是一位名叫 Écrlinf 的作者。腓特
烈大帝（Friedrich der Große）在 1759 年 5 月 18 日写给伏尔泰的信中首
次使用了这一表述。尼采引用这句口号意在说明，近代神学天真地（"由
于历史学的无害性"）采用了历史学的范畴和判断尺度（"历史"），却对
神学本身造成了适得其反的后果，帮助了它的对手即教会的批评家。尼
采说这句话的背景是当时的神学由于吸收近代历史考据研究方法而造成
了范式转变，即以莱马鲁斯（Hermann Samuel Reimarus）、勒南（Ernest
Renan）和施特劳斯（David Friedrich Strauß）等人为代表的对《圣经》
进行历史考据的研究，这些研究同时也伴随着反教会改革，建立自然宗
教或人文主义宗教的呼吁。（Neymeyr, 2020: 507-511）

[4] 德国新教协会（Der Deutsche Protestantenverein），1865 年由德国全
体教区代表组建于美因河畔法兰克福，协会宗旨是适时推进教会的
自由化改革，防止信众进一步疏远教会。霍尔岑多尔夫（Franz von
Holtzendorff, 1829—1889）自 1860 年起在柏林大学和慕尼黑大学担任
教授，他改革了刑法制度，以自由主义精神致力于教会建设。霍尔岑多
夫与人合编了《新教圣经》，一本带注释的《圣经》新译本。根据《圣
经》福音书，施洗者约翰先于耶稣在世上传道，敦促民众接受洗礼免罪，
宣告天国临近，由此为一种新的、更纯洁的宗教形式开辟了道路。尼采
显然并不认为新教协会或霍尔岑多夫具有"新的、强大的建设冲动"，
他将霍尔岑多夫和施洗者约翰进行比较，同样意在讽刺趋向历史考据方
法的神学造成了损害神学自身利益的意外后果。（Neymeyr, 2020: 511-
512）

头脑的黑格尔哲学，或许也推波助澜地传播这种无害性，比如,通过把"基督教的理念"和它的种种不完美的"表现形式"分开，[5] 反复劝说自己，这甚至是一种"理念的爱好"，理念会以越来越纯粹的形式显现出来，最终在当今庸俗的自由主义神学家头脑中，以一种最纯粹、最透彻甚至几乎不可见的形式显现出来。[6] 然而，听到这些最纯净的基督教谈论昔日的不纯净的基督教，中立不倚的人往往以为，这根本不是在谈论基督教，而是——现在我们该想到什么呢？如果我们看到，"本世纪最伟大的神学家"把基督教标榜成这样一种宗教，这种宗教让人"深入感觉一切现实存在的宗教及其他若干只是可能的宗教"，而"真正的教会"是这样一种教会，这种教会应该"成为流动的集团，它没有固定的轮廓，它的各个部分时而在此，时而在彼，一切彼此混合，相安无事"，——那么，我们又该想到什么呢？

我们从基督教那里学到的教训乃是，经过一番历史学的处理，基督教就变得自命不凡、矫揉造作，最终，一种完全历

---

[5] 以"理念"为中心的黑格尔哲学,经历了下一代学者的反唯心主义转向后，被认为已经过时。尼采延续了叔本华的反黑格尔哲学立场，这是他的早期论著的一大特色，而在晚期著作中依然严厉批判形形色色的唯心主义观念。(Neymeyr, 2020: 512)

[6] "庸俗的自由主义神学家"是指施莱尔马赫（Daniel Ernst Schleiermacher, 1768—1834）。施莱尔马赫在新教神学中的地位确实举足轻重，他作为神学家、哲学家、传教士和大学教授（在哈雷和柏林）拥有很大影响力。(Neymeyr, 2020: 513)

史学的、换言之公正的处理，将基督教化约为关于基督教的纯粹知识，从而消灭了基督教。这一现象，我们也能够在一切有生命的事物上观察到：一旦它得到彻底的生物解剖，它就不再活着了，而倘若着手对它进行历史学的解剖练习，它就会活得痛苦而病态。有些人相信，德国音乐在德国人当中发挥了革命性或改良性的治疗力量：眼看莫扎特和贝多芬这样的人物如今被一大堆杂乱的博学传记淹没，在历史考据的系统拷问下被无数质问纠缠得烦不胜烦，他们就义愤填膺，认为这是对我们文化中最有生命力的事物的犯罪。[7] 倘若将好奇心贯注于对无数生平和作品的烦琐考据，在应当学会去生活和丢掉一切问题的地方去寻找知识问题，这岂不等于早早就扼杀了或至少麻痹了那些活力尚未衰竭的事物吗？发挥一下想象，将若干这类现代的传记作家置于基督教或新教改革的发源地，那么，他们清醒务实的求知欲，便足以泯灭任何灵性的超距

---

[7] 这是指瓦格纳。瓦格纳将自己创作的音乐视为一种具有革命性和改良性的文化活动。尼采接受了瓦格纳的自我肯定，将瓦格纳的"德国音乐"视为古希腊悲剧的"重生"，认为瓦格纳音乐对整个现代文化的根本意义就在于这一特殊贡献。尼采将瓦格纳视为改革者，在《不合时宜的考察》第四篇《理查德·瓦格纳在拜罗伊特》中还简要阐述："我们期待于他的是一场戏剧的改革，假定他成功做到了这一点，那么……现代人就会被改变和改造。"（尼采，《尼采著作全集》第 1 卷，2023，第 506 页。）尼采和瓦格纳一样，质疑从传记或"历史考据"角度对伟大作曲家进行实证主义的还原。此处即以莫扎特和贝多芬为例。然而，瓦格纳本人的理论论著已经表现出上述趋势，例如他为贝多芬百年诞辰撰写的纪念文章《贝多芬》（1870）。（Neymeyr, 2020: 514）

作用：[8] 好比再弱小的动物一旦吃掉了橡子，再粗壮的橡树也长不出来。[9] 一切生者都需要外裹一层大气，一种充满隐秘的雾霭；一旦剥掉这层防护，一旦一种宗教、一种艺术、一个天才不得不像剥离大气层的星辰一样运行，看到它们迅速干枯、硬化、荒瘠，也就不值得惊讶了。一切伟大事物皆是如此，正如汉斯·萨克斯在《名歌手》中说的：

无幻想者，难有成就。[10]

---

[8] "超距作用"，原文为拉丁文"actio in distans"，更多是一个物理学术语，指一个物体无须接触而作用于远距离的另一物体，比如万有引力。初民的巫术、古代中国的天人感应也算一种超距作用，但尼采此处有所指。他在 1885 年秋的遗稿中指出："关于历史发展的误解：前后相继是一种描写。"（尼采，《权力意志》，孙周兴译，上海人民出版社，2020，第 114 页。）前后相继就否定了"超距作用"；相反，在尼采看来，真正的作用并不是线性、连续和递进的，而是可以由彼此相隔遥远时空的活动产生，正如他在本书第九章说的"一个巨人透过时代与时代之间的寂寥间隙，向另一个巨人发出呼唤，接续高级的精神对话"。——译者注

[9] 这个比喻应是受了布克哈特的影响。布克哈特在《世界历史沉思录》中论及历史上的伟人时用了一个讽刺性的比喻："我们人类谈不上伟大，伟大其实正是我们人类所缺乏的品质。对于生活在草丛中的甲虫来说，榛子树可能会显得像参天大树一样，因为它毕竟是小得可怜的甲虫。"（布克哈特，《世界历史沉思录》，金寿福译，北京大学出版社，2007，第199 页。）《世界历史沉思录》部分内容来自布克哈特 1870—1871 年在巴塞尔举办的公开讲座，尼采曾在现场聆听。——译者注

[10] 出自瓦格纳的歌剧《纽伦堡的名歌手》。尼采在《悲剧的诞生》中也引用了该剧中汉斯·萨克斯（Hans Sachs）关于"幻想"的唱词："我的朋友，解释和记录自己的梦，这正是诗人的事业。相信我，人最真实的幻想总是在梦中向他开启：所有诗艺和诗体无非是真实之梦的解释。"（尼采，《尼

　　但是，甚至每一个民族，还有每一个人，只要他们想变得成熟，都需要这样一种幻想包裹，这样一层云雾遮护；可惜，如今的人根本厌恶变得成熟，因为人尊崇历史学胜过生活，甚至有人为今天"科学开始支配生活"而深感庆幸——有朝一日这是能够实现的；但是，这样被支配的生活必定没有多少价值，因为比起从前不由知识而由本能和活跃的幻想支配的生活，它就不大像是生活，也更不能保证未来的生活。正如前面说过的，这也不是具有圆满、成熟、和谐的个性的时代，而是人尽其才、物尽其用的共同劳动的时代。[11]这无非

　　采著作全集》第 1 卷，2023，第 24 页。）在同时期即 1873 年的一则笔记中，尼采讨论了幻想和生活、历史学的关系，指出幻想对于生活构成了一种积极的情调："即使关于某一生者（例如基督教），历史学研究能够获得真理：它毕竟会摧毁仿佛大气层那样包裹在一切生者、活者的事物周围的幻想，即，在一切伟大事物上，'无幻想者，难有成就'。若是消除了幻想，比如在宗教中消除幻想，也就消除了自己的虔诚这种积极的情调，人就只剩下空虚冰冷的知识和幻灭感。"（Neymeyr, 2020: 515）

[11]　关于"和谐的个性"（harmonischen Persönlichkeiten），尼采在《不合时宜的考察》第三篇《作为教育者的叔本华》中有进一步的发挥，他提到"拥有令人钦佩的和谐整体及多声部合唱之人"，并认为作为教育者的哲学家，其使命就是"把整个人转化为一个有生命的、运动着的太阳系和行星系，并发现它的更高的力学原理"。（尼采，《尼采著作全集》第 1卷，2023，第 389 页。）与这种教育理想全然相悖的，是尼采批判的当代教育和文化。除了《不合时宜的考察》第二篇《历史对于人生的利弊》、第三篇《作为教育者的叔本华》，尼采还在《偶像的黄昏》中延续了他的时代批判，并且使用了相同的隐喻，将"有用性""训练"联系起来，暗指这类似于纯粹的驯兽，凸显出人的教育因为外铄的目的而蜕化为纯粹的工具："德国的'高等学校'所从事的是一种残忍的训练，目的在于花尽可能少的时间，利用、充分利用众多青年男子为国家效劳。"（尼

是说，人们要为着时代的目的而接受训练，以便尽早共襄大业；他们必须在普遍效用的工厂里劳动，并且是在他们成熟之前，甚至他们因此无法成熟——因为成熟是一种奢侈品，要从"劳动市场"抽走大量人力。[12] 人会把一些鸟儿弄瞎，好让它们的歌唱更动听：我不认为今时之人会比祖辈歌唱得更动听，我却知道，他们早就被弄瞎了。但是，用来弄瞎他们的卑鄙伎俩，却是过于明亮、过于突兀、过于变幻的光亮。青年被鞭策着穿行数千年的历史：对一场战争、一次外交行动或一项贸易政策一无所知的青年，却被认为应该了解政治史。[13] 然而，青年穿行历史，一如我们现代人穿过奇珍馆，或如我们去听音乐会。

采，《偶像的黄昏：或怎样用锤子从事哲学》，李超杰译，商务印书馆，2009，第 50 页。）(Neymeyr, 2020: 516)

[12] 此处含有对英国思想家约翰·斯图亚特·密尔（John Stuart Mill，1806—1873）及其功利主义思想偏重"效用"的批评。(Neymeyr, 2020: 517)

[13] 此处尼采或许暗指 19 世纪德国史学中作为兰克后学的普鲁士学派德罗伊森（Johann Gustav Droysen）、聚贝尔（Heinrich von Sybel）、特赖奇克（Heinrich Gotthard von Treitschke）等人，他们延续了兰克学派利用文献档案研究政治史、外交史的传统，并且皆持亲普鲁士、亲俾斯麦和反法的民族主义立场。德罗伊森的代表作是《普鲁士政治史》，聚贝尔的代表作是《威廉一世创建德意志帝国史》，特赖奇克的代表作是《十九世纪德国史》。德罗伊森认为，"历史研究是政治进步与文化修养的基础。政治家就是实践中的历史家"。（古奇，《十九世纪历史学与历史学家》，耿淡如译，商务印书馆，1989，第 265 页。）政治史以民族国家为单元，聚焦于其兴衰、战争，正是尼采那个时代的历史学主体，至于 20 世纪历史学研究主题扩展后的性别史、日常生活史、心态史或非西方民族的历史，当时尚不存在。此处尼采讨论的并不是何种历史教育（比如政治史以外的其他历史）有利于或不利于青年，而是指整个历史学因其过度而引发的时代弊病。——译者注

人能够感觉出，这个声音有别于那个，这个效果不同于那个：可这种惊奇的感觉总会渐渐衰退，任何事物都无法引发太多惊讶，最终消极承受一切——这便是时下所谓的历史感、历史教育。说得更直白一点，海量的东西漫灌进来，陌生、野蛮、暴烈的东西，"盘成令人恶心的一堆"，[14] 强势冲入青年人的心灵，以至于它只能故作迟钝来自我拯救。一旦有一种更细腻、更强烈的意识充当根基，另一种感觉就会随之萌生：那就是厌恶。青年人变得漂泊无依，怀疑一切风俗和观念。如今他懂了：每个时代情形都不一样，而你怎么样则无关紧要。在忧郁的无感觉状态下，他放任一个又一个观念在眼前掠过，理解了荷尔德林的话和他的心情，荷尔德林在读第欧根尼·拉尔修论希腊哲人生平和学说时说："这里我又一次经历了自己屡次遇到的状况，即我注意到，人类的思想和学说的短暂和变幻，比命运（一般人只称为现实）更具有悲剧性。"[15] 不，这种压

---

[14] 出自席勒叙事歌《潜水者》："那些撞木鲛的丑类、奴鲷、有刺的鹞鱼，盘成令人恶心的一堆，挤在一起，阴森而可怖。"（席勒，《席勒诗选》，1984，第 156 页。）（Neymeyr, 2020: 518）

[15] 出自荷尔德林（Hölderlin）1798 年 12 月 24 日致辛克莱尔（Isaac von Sinclair）的信。尼采引用荷尔德林意在表明，哲学史只是一堆意见和体系的无意义更迭。由此，尼采反对黑格尔的唯心主义的体系哲学，也反对黑格尔对"理念"主导的哲学史的推崇。黑格尔在《哲学史讲演录》中为历史研究辩护说："根据这种观点，我认为：历史上的那些哲学系统的次序，与理念里的那些概念规定的逻辑推演的次序是相同的，……我只须指出从上面所说的，即已昭示哲学史的研究就是哲学本身的研究，不会是别的。"但是，"为了从哲学出现在历史上时所取的经验的形态和外在形式里，去认识哲学的发展乃是理念的发展，我们必须具有理念的

倒一切、让人迷醉、极为暴虐的历史化，对于青年人来说，无疑是不必要的，古人就是榜样，甚至是极度危险的，今人就是覆辙。再来观察一下历史学专业的学生，他继承了一种早熟的、在孩提时代就露出端倪的自命不凡。如今，本行工作的"方法"、正确的诀窍和高贵的语调，他已经学到手了，俨然前辈大师；他已经用从过去时代割裂出的一小节，验证过了他的才智和他学到的方法；他已进行了生产，说得更自负一点，他已经进行了"创造"，此刻他已经通过行动成为真理之仆，成为历史学那一方世界之主。如果说他还是孩童时就已经"学成"了，那么，如今他早已处于"饱学"状态：只要有人晃一晃他，智慧就会哗啦哗啦落到腿上；但这智慧是腐蠹的，每个苹果都带蛀虫。相信我，如果人们在他们成熟以前就进入科学的工厂劳动，变得有用，那么，过不了多久，科学就会毁灭，就像过早投入这座工厂的奴隶一样。[16] 遗憾的是，我们不得

知识，……不然，就像我们所看见的许多哲学史一样，只是把一堆毫无秩序的意见罗列在不知理念的人的眼前。"（黑格尔，《哲学史讲演录》第1卷，贺麟、王太庆译，商务印书馆，2009，第34—35页。）尼采将具有历史异质性的"意见和体系"描述为短暂和变幻的现象，他的看法就十分接近叔本华在《作为意志和表象的世界》中提出的历史批判。在该书第2卷第38章《论历史》以及《附录和补遗》中，叔本华对黑格尔的历史哲学提出了明确批评，并认为关注普遍、永恒的哲学高于所有其他科学，更高于关注个别和变动的事件的历史。前面的注释已屡次提及，兹不赘论。（Neymeyr, 2020: 518-520）

[16] 本章中多次出现的"工厂"隐喻，似是尼采从叔本华的著作中借用的。在《不合时宜的考察》第三篇《作为教育者的叔本华》中，尼采就提到"人由于自己的懒惰成了类似工厂产品之物"。尼采和叔本华对工厂的贬

不采用奴隶主和雇主的行话来描述这样一些关系，这些关系本来应该看成无关效用、远离生活窘迫的；但是，当我们想要描述最年轻一代的学者时，"工厂、劳动市场、供应、利用"这类词语——以及全部利己主义的助动词——就会情不自禁地脱口而出。笃实的平庸会变得愈加平庸，科学在经济的意义上会变得愈加有用。最新的学者其实只有在一个方面是智慧的，并且无疑比过去一切人都智慧，但是，在其余全部方面，他们和一切老派学者——谨慎点说——之间的差异是无限的。尽管如此，他们仍然要替自己索取名、利，就仿佛国家和舆论有义务承认新钱币和旧钱币是等值的。推车工们彼此订立了一份工作协定，规定天才是多余的——因为他们给每个推车工都打上了天才的印记：或许，如果后世有人检查他们那些建筑，就会发现这些建筑只是用车将材料拉来堆好，而不是真正组装到一起。有些人总在孜孜不倦地高呼现代人的战斗口号和牺牲口号："分工！列队！"对这帮人，必须一次就说得明白无误：

义性隐喻，同出于某种根深蒂固的知识贵族心态。不过，在《历史对于人生的利弊》中，这一隐喻专有所指，即与学者生存状态的弊病有关。在《不合时宜的考察》第一篇《大卫·施特劳斯——自白者与作家》中，尼采指出，"科学的人"的工作导致"人们必须把科学想象为一个工厂"，科学的人的疯狂的匆忙使他"就像是一个奴隶，即便获得自由之后还梦见他的困苦、他的匆忙、他的挨揍"。（尼采，《尼采著作全集》第1卷，2023，第384、234页。）在本章中，尼采进一步展开了这一论点，并对只得使用"奴隶主和雇主的行话"表示遗憾。尼采辛辣地讽刺了当时学者的那种没有尊严的忙碌，导致他们过早劳损，且缺少闲暇来刺激其创造性。（Neymeyr, 2020: 521-522）

倘若你们打算尽可能快地促进科学，你们也将尽可能快地消灭科学；就像你们要是人工强制母鸡过快下蛋，母鸡也会很快死亡。诚然，最近数十年，科学以惊人的速度不断发展：可是，你们看看那些学者，那些精疲力竭的母鸡。这可不是一些"和谐"的生物：它们只能比以往咯咯叫得更欢，因为它们更多地下蛋：当然，蛋也下得越来越小（虽然书越写越厚）。最后的自然结果，就是广受欢迎的科学"通俗化"（Popularisiren，连同"女性化"和"幼稚化"），也就是为"参差的公众"量身定做科学的外套这样一种声名狼藉的做法：量身定做云云，是尽量用裁缝铺式的德语来描述缝补裁剪的活计。歌德认定这是一种滥用，他要求，科学只有通过一种升高了的实践才能影响外部世界。[17] 此外，老一代的学者有充分的理由认为这种滥用是沉重和麻烦的；而晚近的学者也有充分的理由认为这种滥用是轻松的，因为除开在知识的某个狭小角落，他们自身也属于极为参差不齐的公众，并承载着这一公众的需求。他们只要有机会舒适地坐下来，就能够将他们那狭小的研究领域向参差的公众的需求和好奇心敞开。这种舒适之举，

---

[17] 尼采转述了歌德的话。歌德在《论色彩学说》（1810）的《丰特奈尔》一节中写道："科学本身大概无法从这类讨论中获益，正如我们在近代也看到，许多更高、更深的问题都被女性化和幼稚化了。"尼采还引用了歌德为小说《威廉·迈斯特的漫游年代》写的《格言与反思》中的话："只有通过一种升高了的实践，各门科学才能影响外部世界：因为各门科学实际上都是深奥的，只有通过改进某种行动，才能向外揭示其意义。所有其他形式的参与，皆属徒劳。"（Neymeyr, 2020: 522）

有人誉为"学者对民众纡尊降贵"：不过说到底，一旦学者不再是学者，而只是群氓，那么学者无非是在对他自己纡尊降贵。请你们自己造出一种"民众"（Volk）的概念：你们永不能将这个概念想得足够尊贵、足够崇高。倘若你们把民众想得很伟大，你们就会怜惜民众，唯恐将历史学的硝酸当作生命甘露和提神饮料进献给民众。不过，你们打心底里十分轻视民众，因为你们对民众的未来不能有真正的、坚实的敬意，你们就像务实的悲观主义者那样行事，我是指这样一些人，他们预感到了没落，被这种预感左右，于是对他人的甚至对自身的福祉都持漠然、随便的态度。[18] 只要大地还能承载我们就好！要是它承载不了，那也合理——他们就这样感觉，并过着一种意带嘲讽的生活。

---

[18]　学者认为，这里，尼采对于民众（Volk）的态度显示出某种不一致性，他在第六章结尾还以普鲁塔克的《希腊罗马名人传》为例说明逆时代、逆流俗而行的伟人和英雄的重要性，呼吁"信他笔下的英雄，从而勇于自信"，后续章节也多用一种贬低的态度讨论现代社会的"大众"（Massen），认为从大众的立场出发来书写历史不值得提倡，大众只是伟人的粗疏复制品、工具和阻力云云。（Neymeyr, 2020: 287-288）

八

这个时代总是放声地、反复地为自己的历史教育发出肆无忌惮的欢呼，而我却把一种意带嘲讽的自我意识归结于它，这似乎有点让人惊讶，却不算矛盾。这种自我意识是一种高悬头顶的预感，预感这不是该欢呼的时机，亦是一种恐惧，恐惧历史知识带来的一切欢愉也许很快要逝去。关于个体人物的个性，歌德通过对牛顿的出色评论，给我们提出了一个类似谜题：歌德发现，在牛顿本质的深处（说得更准确一点：高处）有一种"对自身过错的隐约预感"，[1] 就像是一种居高临下的审判意识在个别瞬间得到了明显表现，这种意识对他自己内在的必然本性做了一番意带嘲讽的概览。因此，只有在发展程度更大、更高的历史人物身上，才能找到一种常常弱化为普遍怀疑的意识，即意识到，认准一个民族的教

---

[1] 出自歌德《论色彩学说》。歌德提出了自己的色彩理论，而批评广为接受的牛顿理论有误。（Neymeyr, 2020: 522-523）

育必须像今天这样以历史学为主，这是多么荒谬和迷信；毕竟，最强大的民族，有着强有力的行动和成就的民族，曾经以别样的方式生活，以别样的方式培育青年。但是，这种荒谬、这种迷信却很适宜于我们——怀疑论者这样反对说——我们这些晚到者（Spätgekommen），强大而欢快的世代的最后一批孱弱后裔，[2] 我们，应验了赫西俄德的预言：有朝一日，人会生下来就长着白发，如果一代人身上出现这个标记，宙斯就将毁灭这一代人。[3] 事实上，历史教育也是一种与生俱来的白发，那些从小就带有这个标记的人，必然会对人类的老年具有本能的信仰：而老年人如今正适合一种老年人的活动，就是回望过去，锱铢必较，清算结果，从过去寻求慰藉，通过回忆寻求慰藉……总而言之，就是历史教育。但是，人类是一种坚韧而顽强的生物，他不愿意让人以千年甚至十万年为单位来考察他前进或后退的步伐，就是说，他作为整

---

[2]　前面的注释已经提到，认为当今人类属于"模仿者"的时代，这种意识流行一时且经常反映在当代文学作品中，也是尼采早期论著的重要主题之一。在本章，他还批评了"恨不早生和躐武前贤的感觉"。反过来，尼采本人一再坚持，应该对新的、充溢"生命"的"未来"抱有希望。（Neymeyr, 2020: 523）

[3]　古希腊早期诗人赫西俄德（Hesiod）有两部传世作品——《神谱》和《工作与时日》，尼采所引就出自《工作与时日》第 181 行。借助赫西俄德的预言，接下来尼采便从文化批判的角度说明，现时代的弊病和一种敌视未来的心态有关。他谴责同时代人的消极认命，他们顽固推崇"历史教育"，轻蔑地否定"一切生成者"，并借助"一种恨不早生和躐武前贤的感觉，简单说就是生而白头的感觉"，来阻碍一切创新冲动。（Neymeyr, 2020: 523）

体，绝不愿意被无穷小的原子点即单个的人来考察。倘若一
个时代的开端就是"人类的青年"，而时代的末尾竟已是"人
类的老年"，那么，数千年时光（或者说先后相继的34个世
代，一个世代算作60年）又有什么意义呢？对早已衰老的
人类的使人麻痹的信仰，岂不隐含着一个上溯到中世纪的、
对基督教神学观念的误解，即世界末日临近和惶恐地等待末
日审判的思想？^[4] 这一思想是否由于亟须让历史学来审判而

---

[4] 这段话显示了尼采的几个批判论点。首先，他对有机论的历史观表示怀疑，
有机论把人类历史描述成类似人的个体生命发育的先后阶段。例如，赫
尔德的著作《人类历史哲学观念》（1784—1791）就将文化史描述为自然
史的理性延续：他认为，一个民族的文化的发展规律和个体生命的发展
规律相似。这一文化史传统在尼采之后继续产生影响，直至斯宾格勒的
《西方的没落》（1918）。其次，尼采批判了关于"早已衰老的人类"的有
机论想象。他怀疑这种观念源自"世界末日临近"的神学思想。对末日
的忧惧，助长了人类不顾现实的傲慢自大，这或许能够解释为什么一些
人站在所谓的超越立场上以"千年"为单位来审视人类历史。相反，尼
采将作为历史观察者的个人贬为"无穷小的原子点"，讽刺地否定了上述
历史观，因为这种历史观的人类学前提，就是假设具备认识能力的自我
是十分重要的。除了"无穷小的原子点"这一物理学的隐喻，尼采还用
过一个生物学的隐喻——"跳蚤"。在为《历史对于人生的利弊》写作的
笔记中，尼采将黑格尔的"世界精神"和哈特曼的"世界进程"斥为"乔
装改扮的神学"，随即揭露这都是唯心主义的建构："荒谬透顶！人和'世
界进程'！跳蚤和'世界精神'！"在大约同时期的《在道德之外的意
义上的真理与谎言》的开篇，尼采还使用了另一宇宙学的隐喻，以哥白
尼日心说和达尔文进化论为背景，讽刺地消除了号称"造物之冠"的
人的独特地位："宇宙闪亮地倾洒，化作无数个太阳系，在其中某个偏僻
的角落，曾经有过一个星球，聪明的动物在上面发明了认识，那是'世
界历史'最为高傲也最具欺骗性的瞬间：可也只是一瞬。在自然呼了几
口气以后，那星球便冻僵了，聪明的动物也得死去。——或许可以虚构

改头换面，仿佛我们这个时代是还能自命有权对过去的一切加以末日审判的最后一个时代？可是基督教信仰所期望的末日审判，绝不是人来审判，而是"人子"来审判。[5] 曾几何时，向人类也向个人告诫的"牢记死亡"（memento mori），是一根永远折磨人的尖刺，却也是中世纪知识和良心的尖峰。在近代同它针锋相对的一句话，是"牢记生活"（memento vivere），坦率地说，听着有些露怯，并非放声喊出的，有点不真诚。[6] 因为，从人类对历史学的普遍需求就可以看出，他们依然牢牢盘踞在"牢记死亡"上：知识尽管羽翼极丰，却无法挣脱束缚，飞向自由，唯余一种深刻的绝望感，涂上了历史学的色彩，如今一切高等教育文化皆被它的阴霾笼罩。有一种宗教，在人一生的所有时刻中，它认为临终时刻是最

一个寓言，但也道不尽人类的理智在自然中所显出的样子是多么的悲惨、虚幻和短暂，多么的无目的和随意；在他存在以前是永恒，当他重又消逝的时候，一切仍然照旧。"（尼采，《尼采著作全集》第 1 卷，2023，第966 页。）(Neymeyr, 2020: 524-525)

[5]　在《圣经》中，"人子"即耶稣基督。尼采使用了与基督再临有关的"末日审判"的意象，此处主要是《约翰福音》第五章的"末日审判"；此处有一段内容集中描述"末日审判"，并将"审判"和耶稣基督联系起来，即《约翰福音》（5:27）："并且因为他是人子，就赐给他行审判的权柄。"但是，不同的是，不像尼采在人和人子之间做区分，福音书区分的是天父和子，《约翰福音》（5:22）言："父不审判甚么人，乃将审判的事全交与子。"在尼采看来，基督教只关注人的临终时刻，视之为对过往人生的"审判"，正造就了敌视生命的末世情调。(Neymeyr, 2020: 525)

[6]　出自歌德《威廉·迈斯特的学习时代》。歌德用"牢记生活"来回应基督教式的、死亡意识浓厚的"牢记死亡"（法国查尔特勒修会修士的问候语）。(Neymeyr, 2020: 526)

重要的，它预告尘世生活将彻底终结，并判决一切生者要活在悲剧的第五幕中，诚然，这种宗教会激起最深沉、最高尚的力量，可是它也敌视一切新物种的栽培，敌视勇敢的尝试、自由的渴望，它抗拒每一次向未知事物的翱翔，因为它对此既不爱，也不希冀：尽管不甘心，它只得任凭生成中的事物势不可当地产生，但只要时机合适，就会将之当作诱骗此在的、对此在的价值说谎的东西，撇在一旁，或干脆牺牲掉。佛罗伦萨人就是如此，他们受了萨沃纳罗拉修士忏悔布道的蛊惑，举行了著名的焚烧献祭，将名画、手稿、镜子和首饰付之一炬，[7] 凡是激励人不断上进，将"牢记生活"奉为圭臬的文化，基督教都企图做这样的事情；即使无法径直地、不迂回地，即通过权力优势做到这一点，它照样能够达成目的，那就是通过与历史教育结盟，甚至常常在后者不知情的情形下，然后，它借历史教育之口，轻蔑地否定一切生成者，转而散播一种恨不早生和踵武前贤的感觉，简单说就是生而白头的感觉。认为发生过的一切皆无价值，认为这个世界已准

---

[7] 15世纪末，美第奇家族在佛罗伦萨的统治衰落后，多明我会修士萨沃纳罗拉（Girolamo Savonarola，1452—1498）参与了佛罗伦萨的政治重建。他以建立带有神权色彩的民主制为目标，试图根据禁欲主义原则重塑城市生活，引入了严厉的道德法规。他宣布耶稣基督为佛罗伦萨之王，禁止世俗享乐。在他的布道鼓动下，佛罗伦萨人实施了所谓的"焚烧虚荣之物"，大规模焚毁艺术品和奢侈品。他激烈指责教廷道德沦丧，与教皇亚历山大六世（Alexander VI）发生冲突，1497年被革出教门，很快被当作宗教异端和教会分裂分子处决，后来又得到平反。（Neymeyr, 2020: 527）

备好接受末日审判，这些冷峻而深邃的思考，已经弱化为一种怀疑的意识，即认为去了解一切发生过的事物不论怎样都是好的，因为要做什么更好的事，为时已晚。因此，历史感将它的仆人变得消极，好回顾过往；大概只有依靠在历史感的断续之间发生的片刻遗忘，身患历史学热病的病人才会活动一下，但只要活动一结束就可加以解剖，通过分析性的思考阻止其继续产生影响，最终将其制成"历史学"标本。在这个意义上，我们仍然生活在中世纪，历史学永远只是一种乔装改扮的神学：这就像不懂科学的外行人对科学家阶级的那种敬畏之情，这是从教士阶级身上传承下来的。昔人奉献给教会的东西，今人奉献给了科学，只是短斤少两；不过，人要奉献这桩事，是教会先造成的，并不始于现代精神，现代精神尽管有其他优良品性，但它显然更吝啬一些，不免拙于慷慨这一高贵德性。

上述这一番评论兴许并不让人满意，而根据中世纪的"牢记死亡"、根据基督教对一切未来的尘世生活心怀绝望，就推断出历史学过度了，这肯定也一样不让人满意。然而，这种由我仅仅将信将疑地提出的解释，无论如何应该被更好的解释取代；因为，历史教育——还有它对于一种"新时代"精神、一种"现代意识"的精神陷入内心的极端矛盾——的起源，这个起源自身必须再以历史学的方式来认识，历史学必须解决历史学自身的问题，知识必须把它的尖刺转向自身——这三重的必须，[8] 乃是"新时代"精神的命令，假使它确实包含了某些新的、强力的、孕育生命的、根源性的东西。还是说，我们德国人——撇开拉丁民族不谈——在文化的所有高级层次上真的永远只能是"子孙后裔"，[9] 因为我们只能做到这一点，威廉·瓦克纳格尔说过一句意味深长的话："我们德国人是一个子孙后裔的民族，哪怕我们坐拥一切高级知识以至我们的信仰，我们始终只是古代世界的继承者（Nachfolger）；即使是那些心怀敌意、不愿追随古代世界的人，在基督教精神以外，仍然从古典古代文化的不朽精神中持续汲取生气，倘若有人竟能够从包裹人的内心的生气中将这两大元素剥离出来，残留的物质将不足以维系一种灵性的生命。"[10] 但是，纵使我们打算坦然接受这份天职，甘作古代世界的后裔，纵使我们决定将这份天职断然视为严肃而伟大的，同时把这种断然态度视为我们独特的、唯一的特权——我们仍然不得不问，我们的

---

[8] "知识必须把它的尖刺转向自身"，出自索福克勒斯的悲剧《俄狄浦斯王》中先知特瑞西阿斯（Teiresias）之口（第316—317行）。早在《悲剧的诞生》中，尼采就借这部古代悲剧拷问了知识以及由知识导出的智慧："'智慧的锋芒转而刺向智者：智慧乃是一种对自然的犯罪'——这个神话向我们喊出了此等骇人的原理。"（尼采，《尼采著作全集》第1卷，2023，第75页。）（Neymeyr, 2020: 527-528）

[9] "子孙后裔"（Nachkommen）就是前面提到多次的"模仿者"（Epigone）的德文对应翻译，在当时的文化批判论著中，这两个概念属于同义词，且都带有贬义色彩。（Neymeyr, 2020: 528）

[10] 威廉·瓦克纳格尔（Wilhelm Wackernagel，1806—1869），巴塞尔大学日耳曼学教授、知名学者。尼采引自瓦克纳格尔的《迄于17世纪初的德国戏剧史，1845年举办的两次讲座》。（Neymeyr, 2020: 528）

使命是否永远都必须是甘当没落的古代世界的学徒：[11] 总有一天，可以允许我们逐步把自己的目标定得高远一些，总有一天，应该允许我们赞颂自己，因为我们在自己身上——也通过我们的普遍历史学——如此丰富和宏大地再现了亚历山大里亚－罗马文化的精神，于是，作为最高贵的奖赏，如今我们可以为自己设定一项更加伟大的任务，那就是努力追溯这个亚历山大里亚世界的背后，超越它，将目光勇敢地投向伟大的、自然的、人性的古希腊原初世界，去那里寻找我们的典范。[12] 然而，在那里我们也发现，希腊人实现了一种本质上是非历史的教育，一种——即便如此或正因为如此——无比丰富和生气勃勃的教育。虽然我们德国人本身无非是甘作子孙后裔的人——但只要我们把这种教育看成我们应当承继的遗产，那么我们即使身为子孙后裔，依然可以是更加伟大、更加骄傲的人。

需要讲的就只是这些：即使是甘作模仿者（Epigone）这种时常让人难堪的想法，一旦从伟大的方面去考虑，也能够确保产生伟大的影响和一种充满希望的对未来的渴求，对个人、对民族皆是如此——我们只需要自视为令人惊叹的古典力量

---

[11] 有关"没落的古代世界"的观念在对古罗马历史的叙述中尤为普遍，例如孟德斯鸠的《罗马盛衰原因论》(1734)。最有名的著作则是吉本(Edward Gibbon) 的《罗马帝国衰亡史》(1776—1788)。尼采研究了吉本著作的德文译本并在《历史对于人生的利弊》第十章进行了引用。(Neymeyr, 2020: 529)

[12] 尼采说的"古希腊的原初世界"并非古希腊文化最繁荣的伯利克里时期，而是古风时期，参见本书第四章注释。(Neymeyr, 2020:529)

的继承人（Erben）和子孙后裔，从中找到我们的荣誉和鞭策。我们不要像一些强大世代遗下的苍白孱弱的幼子（Spätlinge），作为死去世代的古董贩子和掘墓人，苟延残喘。这些幼子当然过着一种意带嘲讽的生活：他们在人生路途上蹒跚前行，毁灭则紧跟在后如影随形；他们为过去而欢欣鼓舞，一念及毁灭又惊惧莫名，因为，他们虽是活着的记忆，但若是没有继承人，他们的记忆便毫无意义。所以，阴沉的预感包围着他们：他们的生活是不义的，只因即将到来的生活无法赋予他们正义。

但是，我们试想一下，这些好古的幼子，他们忽然把那种意带嘲讽的、强忍痛苦的谦逊，一变为傲慢；我们想象一下，他们如何用尖锐的声音宣布：当前这个世代正处于巅峰，因为只有现在，它才有了对自己的认识，才向自己袒露了自己——我们便会获得这样一番场景：就像一个比喻，某种十分著名的哲学对于德国教育的神秘意义将真相大白。我认为，本世纪的德国教育所经历的那些危险的起伏或转折，没有一次不是由于这种哲学——黑格尔哲学——蔓延至今的可怕影响而变得加倍危险。[13] 甘认自己是过去若干时代的幼子，确

---

[13]　黑格尔哲学在"德国教育"中居于主导地位，即便有些批评家持保留态度。大卫·施特劳斯的《新旧信仰》和爱德华·冯·哈特曼的《无意识哲学》都显示了黑格尔哲学体系广泛而持续的影响。尼采在《不合时宜的考察》第一篇《大卫·施特劳斯——自白者与作家》中激烈批判了施特劳斯，而在《历史对于人生的利弊》第九章中批判了哈特曼。按照施特劳斯的说法，黑格尔学派又可分为黑格尔左派和黑格尔右派：右派以基督教神学诠释黑格尔哲学，具有保守倾向；左派或称"青年黑格尔派"

实是让人麻痹和沮丧的；但是，如果这种信念有一天轻率地颠倒过来，把这个幼子当成过去发生的一切事物的真正意义和目的来膜拜，把他这点可怜的认知，等同于世界历史的圆满，这就必然显得可怖和灾难性。[14] 这种思考方式使德国人好高谈阔论"世界进程"，并把自己这个时代当作这一世界进程的必然结果，加以正当化；这种思考方式让历史学僭取了其他精神力量即艺术和宗教的位置，成为唯一主宰，既然历史学是"自我实现的概念"，是"民族精神的辩证法"和"末日审判"。[15]

则具有革命倾向，结合激进的历史化对黑格尔哲学进行无神论诠释。马克思和恩格斯吸收了黑格尔的辩证法、异化和劳动理论，同时将黑格尔哲学"头脚倒置"，摒弃了黑格尔的绝对唯心主义，代之以唯物主义基础。(Neymeyr, 2020: 531-532)

[14] 尼采既批判那个时代的"模仿者"意识会麻痹行动、扼杀创造性，同时他又认为，另一种同"模仿者"意识截然对立的回应，即企图借助某种"先进者"意识来化解问题情境，也是值得怀疑的。因此，尼采强调了人类自我神化的破坏性作用，自我神化无非是企图通过一种补偿性的傲慢，来抬高"模仿者"那虚弱的自我，为此还可以凑合将就现实状况的颠倒。(Neymeyr, 2020: 532)

[15] 此处尼采的批判隐含了对黑格尔、哈特曼等人主张的目的论的历史观的反驳。"德国人好高谈阔论'世界进程'，并把自己这个时代当作这一世界进程的必然结果"云云，显然是指黑格尔；"民族精神的辩证法""末日审判"（世界法庭），也出自黑格尔《哲学科学全书纲要》第 548 节"世界史"："特定的民族精神由于它是现实性的，以及它的自由是作为自然，所以按照自然而含有特殊的地理的和气候的规定性；它也是在时间之内，须得走过它的意识和它的现实性的、一种由它的特殊性的原则所规定的发展；它具有一种历史。作为有限制的精神，按照这第二个方面，它的独立性是一种从属性的东西；它转化入一般世界史，这种历史的事件表现着各个特殊性的民族精神的辩证法，表现出世界法庭。"[黑格尔，《哲学科学全书纲要（1827 版）》，薛华译，北京大学出版社，2012，第 349 页。]

这种以黑格尔的方式理解的历史，人皆嘲之为"上帝在大地上游荡"，但这个上帝只有通过历史学才被造出来。[16] 不过，这个上帝曾经在黑格尔的脑壳内部变成显而易见、容易理解，并且已经攀登完了他的生成（sein Werden）在辩证法

布克哈特在《世界历史沉思录》中批判过的黑格尔"对一种世界计划的轻率揣测"，尼采则斥为具有目的论色彩的"轻率地颠倒"，这种颠倒让人错误地将有缺陷的模仿者"等同于世界历史的圆满"。"世界历史"这一术语在文化思想传统中历史悠久，亦作"普遍历史"（Universalgeschichte）。在"世界历史"研究中，目的论方法（以 18、19 世纪之交的完善性思想为基础）扮演了核心角色。受法国启蒙运动以来的世俗化趋势影响，历史哲学首先发展为一种关于"世界历史"的哲学。康德在《世界公民观点之下的普遍历史观念》（1784）中，对历史学这门时新的主导科学进行了哲学化描述，勾勒出一个"世界历史"的理念，认为世界历史的发展遵循着自然的隐蔽计划，也就是一种目的论的方向。黑格尔则认为历史的进程是理性的，是客观的世界精神的体现。所以尼采接下来反对黑格尔的基本命题："这种以黑格尔的方式理解的历史，人皆嘲之为'上帝在大地上游荡'。"

尼采对"世界历史"的目的论观念的批判，不止于《历史对于人生的利弊》。他还通过对人类傲慢的幻灭审视加以反驳，尤其是在《在道德之外的意义上的真理与谎言》开篇，他叙述了一个关于"'世界历史'最为高傲也最具欺骗性的瞬间"的"寓言"。（参见：尼采，《尼采著作全集》第 1 卷，2023，第 966 页。）这篇寓言又见于《论真理的激情》（作为《为五部未完成之作而写的五篇前言》的第一篇）的序言："对于我们用骄傲的隐喻称为'世界历史''真理''荣誉'的东西，一位冷酷的精灵或许首先会说上这样一段话：'宇宙闪亮地倾洒，化作无数个太阳系，在其中某个偏僻的角落，曾经有过一个星球，聪明的动物在上面发明了认识，那是"世界历史"最为高傲也最具欺骗性的瞬间：可也只是一瞬。在自然呼了几口气以后，那星球便冻僵了，聪明的动物也得死去。'"（尼采，《尼采著作全集》第 1 卷，2023，第 840 页。）尼采对于"世界历史"的批判还见于《人性的，太人性的》第二部分第 12 节"基本错误"、《朝霞》第 1 卷第 18 节"自愿受苦的道德"等处。（Neymeyr, 2020: 533-535）

[16] 出自格利尔帕泽的论文《论文学史》："于是，历史就成了自我实现的概念，并且伴随着可以证明的必然性和持续不断的进步。历史的实际用途在此突然消失了，但历史却换来了理论的神圣光晕。它是上帝在大地上的游荡，而上帝则是通过历史才创造出来的。"（Neymeyr, 2020: 535）

上可能的所有阶段，最终达到了上述的自我启示，因此，对黑格尔来说，世界进程的巅峰和终点，同他本人在柏林的生活是一致的。[17] 他完全可以说，在他之后出现的一切事物，只够得上称为世界历史回旋曲的终章，说白了，属于画蛇添足。[18] 可他没这么说，相反，他在受他熏习的几代人身上种下了对"历史的强力"的赞赏，[19] 这种赞赏实际上无时无刻不在转变为对成功的赤裸裸的膜拜，并导致对既成事实的偶像崇拜：对于这种崇拜，如今人们普遍使用了一个颇具神话意味的、

---

[17] 黑格尔在耶拿大学和海德堡大学担任哲学教授后，1818 年起接替自费希特去世后空缺的柏林大学哲学教授席位。黑格尔是德国唯心主义的代表人物，他认为一切现象都源自精神，因此，黑格尔把整个现实视为绝对精神（Der absolute Geist）逐步实现自身、意识到自身的辩证过程。在黑格尔看来，哲学的逻辑展开，就是存在物的创造过程和历史发展过程的重复，由此，尼采强调的过程性的、目的论因素显示出关键作用。黑格尔相信，世界进程所对应的意识进程在哲学中达到了巅峰。此处尼采反驳了这一观念，讽刺性地将唯心主义者声称的客观性和普遍性归结为主观性的自我中心主义。（Neymeyr, 2020: 537）

[18] 尼采此处用音乐隐喻来描述历史进程，"终章"（Coda）是曲子的结尾部分，而"回旋曲"（Rondo）则是一种音乐形式，其中副歌作为一种反复出现的元素与其他部分交替。（Neymeyr, 2020: 537-538）

[19] "历史的强力"（Macht der Geschichte）被众多作者使用过，尤其是格利尔帕泽。他在《论历史研究之用处》中写道："我们这个时代的一种时髦说法，就是'历史的强力'。我不明白为什么人们不说'事件的强力'，其实这才是最大的强力。历史只是我们关于事件的认识，而事件在历史产生之前就在起作用，当下仍起作用，即使无人意识到它们。历史确有一种强力，也即一切知识和认知的力量，但它对事件或世界进程的影响仅是次要的。书呆子为了给自己可怜的知识罩上一种生命的假象，或者空想家自认为掌握了自然的魔力（因为自然对我们来说就是一种魔力），才常用'历史的强力'这类词。"（Neymeyr, 2020: 538）

在德语中也相当地道的说法——"考虑事实"（den Thatsachen Rechnung tragen）。但是，那些最先学会了在"历史的强力"面前弯腰俯首的人，最终会对每一种强力——无论是政府、舆论还是数目上的多数——都奴颜婢膝、不假思索地点头称是，他们的肢体也完全随着某种"强力"用线牵引的节奏而律动。如果每一个成功自身就含有某种合理的必然性，如果每一个事件都是逻辑或"理念"的胜利——那么，赶紧屈膝，就向着整座"成功"的金字塔跪下！什么！起支配作用的神话不复存在了？什么！宗教都灭绝了？那么看看信奉历史的强力的宗教，留意一下理念神话的祭司，还有他们伤痕累累的膝盖！有了这一新的信仰，一切德性岂不都随之而来？或者说，历史学人士任凭自己被吹制成客观的玻璃镜，这岂不是"无私"？拒绝天上地下一切权柄，只因要在任何权柄中崇敬权柄本身，这岂不是"宽宏"？始终高举天平，仔细观察哪一端因为更强、更重而欹侧，这岂不是"正义"？这样一种历史学的思考，何尝不是一所弘扬礼教的学校！天下无一物可喜，无一物可怒，客观对待一切，理解一切，这把人变得多么柔和温顺：即使这所学校培育出的人公然表现出愤怒气恼，别人也会随喜赞叹，因为他们懂得，这仅是一种艺术性的表达，这是激愤（ira）和偏袒（studium），却又完全是无忿无偏（sine ira et studio）。[20]

---

[20] "无忿无偏"指一种既不厌恶也不同情，而是实事求是、不偏不倚的态度。古罗马史家塔西佗（Tacitus）将这一原则作为自己著作《编年史》的座右铭。（Neymeyr, 2020: 538）

对这样一种神话和德性的混合物，我抱有多么陈旧的想法！但是，这些想法仍当一吐为快，他人也尽管报以一笑。所以我要说：历史总在提醒"从前有……"，道德却在告诫："你们不应……"或"你们本不应……"。这样，历史就成了事实上的不道德的汇编手册。若有人同时把历史奉为这些不道德的事实的审判者，错得该多么离谱！例如，一个拉斐尔活到36岁就不得不死去，[21] 这就损害了道德：这样的人物本不该死亡。如果你们现在想为历史左袒，为既成事实一辩，你们就会说：他已经挥洒尽了身上的全部才华，他若是活得更久一些，他的作品美则美矣，却无非是此前的重复，并非一种崭新的美，云云。如此一来，你们就成了魔鬼的辩护人，因为你们把成功、事实当成自己的偶像：然而，事实永远是愚蠢的，它在任何时代都更似一头牛犊而不是神祇。[22] 何况，你们作为历史的辩护人，无知也在暗地里蛊惑你们：正因为你们对一种创造

---

[21] 意大利画家和建筑艺术家拉斐尔（Raffaello Santi，1483—1520）主要活动于佛罗伦萨和罗马，与达·芬奇、米开朗琪罗同为文艺复兴盛期最重要的艺术家。拉斐尔的作品，包括大量肖像画和圣母像，以及群像湿壁画和纪念性版画，因其微妙的构图和鲜明的人物关系，被认为体现了古典式完美。直至现代，拉斐尔对美和秀美的美学理念仍被视为具有典范意义。（Neymeyr, 2020: 538）

[22] 此处尼采似乎也在间接回应布克哈特在《世界历史沉思录》中说的："这好比一个英年早逝的人，人们以为他如果再活下去的话一定会更幸福，也会变得更伟大，但是谁又能断然否认，他那时其实已经达到了人生的顶峰或者甚至已经在走下坡路。"（布克哈特，《世界历史沉思录》，2007，第253页。）——译者注

性的自然（natura naturans），[23] 比如拉斐尔，一无所知，所以，得知它曾经存在并且未来不复再现，你们也绝不在意。最近有人想教导我们，说歌德在 82 岁时已经活到头了：[24] 可是，我宁愿用好几大车新鲜的、极度现代的生活经历，换来"活到头"的歌德的短短数年光阴，这样我就能加入类似歌德和艾克曼那样的谈话，并借此让自己免遭当代名流权贵的一切合乎时宜的说教。面对歌德这样的亡者，又有几个生者有资格继续活着呢？这么多人活着，偏偏那几人死了，这只是一个残酷的真理，又是一种无法补救的愚蠢，一种无耻的"一向如此"，相对于道德上的"不应如此"。是的，同道德相对！不管说到哪一种德性，是正义、宽宏、勇敢，还是人类的智慧和同情——一个人，唯有当他反抗事实的盲目强力，反抗现实事物的压迫，当他服从的法则不是历史起落的法则，他才处处皆有德性。他永远是逆流横渡历史波涛的泳手，他时而鏖战自己的激情，这是他生活中最切近的愚蠢事实，时而坚守自己的真诚，尽管谎言在他周围编织了一张闪亮的网。要是历史无非是"激情和谬误的世界体系"，那么，歌德建议怎样读《少年维特之烦

---

[23]　"创造性的自然"，或译"能生的自然"，通常被归于天才人物。natura naturans（能生的自然、产生自然的自然）与 natura naturata（被生的自然、被自然产生的自然）是自经院哲学以来并由斯宾诺莎进一步阐述的区分。前者指原初的、绝对的、至善的造化之性，通常等于神、上帝，而后者指被创造的自然万物，从前者中产生。这一区分是 18 世纪崇尚天才的思潮中习见的说法，天才被认为具有神性，因为他具有自然的创造性。（Neymeyr, 2020: 539）

[24]　这一说法出自大卫·施特劳斯的《新旧信仰》（1872）。（Neymeyr, 2020: 539）

恼》，人类就该怎样来读历史，仿佛历史在高喊："做个男子汉，不要效法我！"[25] 所幸的是，历史仍然保存了关于反历史的即反抗现实事物的盲目强力的伟大斗士的记忆；通过把具有真正历史性的人物凸显出来，历史也将它自身暴露在处刑柱上，这些人物并不在意所谓的"就是如此"，而是愉快而骄傲地追随一种"应该如此"。他们不是要埋葬自己这个世代，而是要奠定一个新世代——这一点驱策他们不断前行：纵使他们自己是作为幼子出生——仍有一种生活方式，能让这一点被人遗忘；——未来的世代只会将他们认作头生子（Erstling）。[26]

---

[25] "激情和谬误的世界体系"出自格利尔帕泽的《论历史研究之用处》，略有改动："人人都看到，自己的生活乃激情和谬误环环相扣的锁链，他在别人的生活中看到的也是一样，甚至更加苛刻。但是，从人类的总体生活，从这一谬误和激情的世界体系中，却可以生出真实的事物，即真理。"类似说法见本书第三章末尾。尼采还引用了歌德《少年维特之烦恼》。在小说第二部中，维特意气消沉，终以手枪自戕。在感伤主义和"狂飙突进"时期，这部小说在当时读者中引发了极大共鸣，出现了一场"维特热"，许多青年甚至模仿维特自杀。所以，歌德在小说的 1775 年第 2 版中以这句格言告诫读者：切勿天真地同主人公过度共情，尤其不要效法他的自杀行为。（Neymeyr, 2020: 539-540）

[26] 头生子（Erstling），本意是一系列人或事物之中最先出现的一个，或者头胎之子，也有学者译为"首创者"。"头生子"，同本章一直批判的不具有活力和创新的"模仿者"（Epigone）、"子孙后裔"（Nachkommen）、继承人（Erben）、幼子（Spätlinge）这一群体，二者之间形成了鲜明的对立。用尼采喜欢的术语说，"头生子"是这后一群体的"对蹠者"（Antipode）。后来尼采在《快乐的科学》中还说明，如果一个人能够"具有过去和将来千年之视野"，并且"成为过去一切精神的所有高贵性的继承人和负有责任的继承人"，那么他就是"所有旧贵族的最高贵者，同时也是一种新贵族的头生子"。（尼采，《快乐的科学》，2022，第 286 页。）——译者注

九

兴许，我们这个时代正是这样一个"头生子"？事实上，它的历史感非常强烈，并以非常普遍和毫无限度的方式表现出来，因此至少在这一点上，将来的时代会赞美这个时代的"始生性"（Erstlingschaft）——假使真的还有什么（在文化的意义上理解的）将来的时代。恰恰是这一点仍然要打一个大大的问号。现代人对自己的嘲讽总是同他的骄傲相伴，他明白自己必须活在一种历史学化的、暮色沉沉的情调中，他害怕自己无法保存一分一毫青春的希望和力量以应对未来。有些时候，人会进一步变得犬儒，根据犬儒主义的守则，替历史的进程乃至整个世界的发展过程辩护，只为现代人使用方便：事情恰恰必然发展成现在这样，人必然成为现在这样的人，别无其他可能，对于这种"必然"，无人能够抗拒。不堪再忍受嘲讽的人，便在这种犬儒主义的安逸中找到了避难所；他们还收获了过去十年中一项最出色的发明，便是这种犬儒主义的一个完满表达：它把自己那种媚俗的、毫无心肝的生活方式，称为"将个性完全奉献给世界进程"。[1] 个性和世界进程！世界进程和跳蚤的个性！但愿我们永远不要再听到那一切浮夸之词中的翘楚：世界、世界、世界！相反，老实说，每个人都只应该谈论人、人、人！希腊人和罗马人的继承人？基督教的继承人？在那些犬儒主义者看来，这一切都毫无意义；但是，世界进程的继承人！世界进程的顶端和目标，那就不一样了！生成之谜的意义和解答，在现代人身上得到体现，他是知识之树上最成熟的果实！——我称之为"膨胀的自傲"；借助这个标志，可以辨认出一切时代的头生子，纵然他到得最晚。历史学的思考飞翔得空前辽远，连做梦也不曾梦到；因为，人类的历史现今不过是动植物历史的延续；甚至在海洋的最深处，历史的普遍主义者仍能发现自身的痕迹，一种黏液状生命体；[2] 人类经历过的漫长道路，有如神迹，足以惊人，

---

[1] 出自哈特曼《无意识哲学》（C 篇第 14 章第 638 页）："然而实践哲学和生活需要一个肯定的立场，这就是将个性完全奉献给世界进程。"此处哈特曼反复强调"世界进程"，尼采便以哈特曼独特的核心概念为靶子开始他的批判。在《无意识哲学》的这一章中，哈特曼尽管自身具有悲观主义信念，却反对叔本华的悲观主义。他更接近黑格尔，对于"意识"和"逻辑"抱有乐观主义态度，同时，他反对叔本华主张的由于需求永远无法餍足而备感痛苦的"意志"。在尼采引用的这句话中，哈特曼说的并非理论联系，而是"实践哲学和生活"。此处哈特曼还以一种经过修正的形式讨论了叔本华的"表象"。因此，尼采批评哈特曼的一个重要原因在于，他是叔本华哲学的坚定拥护者，自觉有必要反驳哈特曼对叔本华哲学的批评。(Neymeyr, 2020: 541-542)

[2] 此处尼采针对的是《无意识哲学》相关章节（C 篇第 3—10 章，第 345—519 页），其中哈特曼从进化论的角度讨论了动植物界中无意识和意识

不过，能够纵览这条道路的现代人自身，则是愈加惊人的神迹，观之令人目眩神夺。现代人屹立在世界进程的金字塔顶端，高远而倨傲——他将自己的知识作为拱顶石放上去，似乎在向四周倾听的自然高喊："我们已达目的，我们就是目的，我们就是圆成的自然。"

骄傲过度的 19 世纪欧洲人，你在发狂！你的知识并不能让自然圆满，而只会屠戮自己的天性。[3] 你要把你作为认知者的高大，比量一下你作为能动者的低下。诚然，你借助知识的光耀向上攀登至苍穹，但同时也向下坠入混沌。你前行的方式，即作为认知者不断攀登，就是你的劫难；你往下望去，根基和土地都隐没入未知深处；你的生命没了支撑点，只剩下一团蛛丝，你认知的每一次新的动作都会撕破它。——不过，关于这一点，严肃的话已经说得够多了，还有可能说一些欢乐的话。

现代人，这只庞大的十字蜘蛛，伏在宇宙之网的中央，他狂热、轻率地割裂和撕碎一切根基，将之溶解到一种不断涌

之间的关系，且明显依据达尔文的学说。因而尼采反对哈特曼，也间接反对达尔文，他在其他著述中也批判了达尔文的学说。（Neymeyr, 2020: 543）

[3] 尼采在同时期的笔记中提到了歌德的类似观点："历史学知识的屠戮之力有多大，歌德曾经讲得很明白，他说：如果当时我和现在一样清楚地知道，几百年和几千年以来人类创造了许多杰出的作品，那么我也许一行也不写，而去干别的事情了。"（艾克曼，《歌德谈话录》，2002，第 173 页。）尼采引自《歌德谈话录》中 1826 年 2 月 16 日艾克曼记录的谈话。（Neymeyr, 2020: 543）

动和流散的"生成"之中，不知疲倦地把一切"已生成"加以解析、历史化，——不妨让道德家、艺术家、虔敬者，甚至政治家去应付和操心这些事；现在，我们大可借此取乐，因为我们从一个哲学的戏仿家（philosophischer Parodist）的闪亮魔镜中看到了这一切，在他的头脑中，时代对它自身已经具有了一种嘲讽的意识，甚至明显"臻于可耻"（用歌德的话说）。[4]黑格尔曾教导我们："精神向前迈进一步，我们哲学家也齐头并进"：我们的时代跃进一步，达到了自我嘲讽，[5] 看吧！爱德华·冯·哈特曼也跟上了，并写出了他著名的无意识哲学——说得更清楚一些——有关无意识嘲讽的哲学（Philosophie der

---

[4] 出自歌德《论色彩学说》："这种嘲讽，这种一个人审视自身缺陷的意识……可在多个自我身上逐步出现，从最露骨的可耻到最沉闷的惩罚。"（Neymeyr, 2020: 543）

[5] 出自黑格尔《哲学史讲演录》："所以这种新柏拉图派的观点并不是哲学上的偶然的狂想，而乃是人类精神、世界、世界精神的一种向前迈进。……不！不！先生们！它们是世界精神的业绩，因而也就是命运的业绩。哲学家比起那些精神缺乏营养的人来是更为接近上帝的。他们直接从原著阅读或书写这些书房中的文字，他们也有义务一同继续写下去。哲学家是进入神秘的人，他们是参加和生活在内心的神圣世界之推进中。"（黑格尔，《哲学史讲演录》第 3 卷，贺麟、王太庆译，商务印书馆，1959，第 229 页。）尼采在 1873 年的一则笔记中写道："黑格尔说：'精神向前迈进一步，我们哲学家也齐头并进。'在哲学中是一个民族的精神、一个时代的精神进入意识。而在哈特曼那里，大概会发现某种嘲讽的意识。上帝应该是'活跃在一切民族精神中的人类普遍精神'，宗教则是升华为自在自为的理念的享受。黑格尔：'一般世界史，这种历史的事件表现着各个特殊性的民族精神（尼采自注：他分装入各个小瓶）的辩证法，表现出世界法庭。'"在笔记中，尼采接着批判了黑格尔的目的论历史观。（Neymeyr, 2020: 543-544）

unbewussten Ironie）。[6] 我们鲜能读到比哈特曼的著作更可笑的创作、更哲学的闹剧；一个人，读了哈特曼的哲学，若是没有因此受到关于"生成"的启蒙，甚至清理过一番内心，这个人就真的属于过去了。世界进程的开端和目的，从意识的最初萌动直至它被抛归虚无，以及世界进程赋予我们这一代人的准确使命，都从他机智地编造出的无意识的灵感之泉中得到呈现，闪烁着启示录式的光芒，一切都如此富于欺骗性，模仿得十分严肃，仿佛这是货真价实的严肃哲学，而不是笑话哲学 [7]——这一大堆玩意足以让它的创作者跻身古往今来第一

---

[6] 尽管尼采在前面多次引用哈特曼，在此处他才第一次明确点出了作者姓名和书名。哈特曼（Eduard von Hartmann, 1842—1906）在理论著作《无意识哲学》一书中试图以"无意识"这一概念为基础来建立形而上学，综合来自黑格尔和谢林哲学体系的诸概念。哈特曼认为，世界进程就是无意识转化为意识的过程。他将无意识进一步分为"相对无意识"和"绝对无意识"，外在于意识的、无意识的存在，唯有借助反思才能被意识触及。不过，在哈特曼看来，这种起中介作用的反思，并非黑格尔式的、辩证的思想自我运动，而是一种意志，这种意志唯有在同外部意志冲动的对抗中才能体认自身。哈特曼不太赞同叔本华的悲观主义思想，却将叔本华《作为意志和表象的世界》中的思想元素融入了自己的思辨哲学。他吸收了黑格尔认为历史是意识－精神的过程的思想，又吸收了谢林认为"实在性"是不可回避的基础的思想，继而，他像叔本华一样认为这种"实在性"就是"意志"，也是"无意识"。尼采对哈特曼书中许多正面论述叔本华的段落置之不理，而是聚焦于哈特曼批评叔本华的部分内容。此外尼采还针对了哈特曼对黑格尔思想的改编。（Neymeyr, 2020: 544-545）

[7] "笑话哲学"（Spass-Philosophie）一词稍后又见于《不合时宜的考察》第三篇《作为教育者的叔本华》："任何一种相信通过一桩政治事件就能转移乃至解决了此在问题的哲学，就是一个笑话，或一种假哲学。"（尼采，《尼采著作全集》第 1 卷，2023，第 414 页。）"笑话哲学"这一概念以及

流哲学戏仿家的行列，所以，我们要在他的神坛上献祭，我们要向他、真正的万应灵药的发明者，奉上一束鬈发——窃用一下施莱尔马赫的赞颂之词。世上还有哪一种药物，用来医治历史教育的过度症，比哈特曼对一切世界历史的滑稽模仿更有疗效？

要想直言不讳地说明，从无意识嘲讽的香烟缭绕的三足鼎上，[8] 哈特曼究竟向我们宣示了什么，不妨说：他向我们宣示，我们这个时代必然只能是现在这个样子，即便人类有朝一日当真厌倦了这种生存（Dasein）——对于这后一点，我们心里是相信的。时代发生的那种可怕的骨骼硬化，以及骨骼不停发出的嘎嘎声——大卫·施特劳斯天真地将之描述为最完美的事

将严肃和笑话对立起来，也是尼采从叔本华那里借用的。叔本华在《论大学的哲学》一文中将追求真理的严肃哲学和"笑话哲学"对立，指出"存在的问题会让思想家严肃认真得如此可怕，会如此震撼着他们的内在深处"，相反，"滑稽哲学家"是肤浅的，"在那些装腔作势的浮夸文风背后，隐藏着多么贫瘠、平庸和粗糙的想法"。（叔本华，《附录和补遗》第1卷，韦启昌译，上海人民出版社，2019，第186页。）在《附录和补遗》第1卷以及《作为意志和表象的世界》第2卷中，叔本华分别将"课堂哲学"、康德以后的唯心主义特别是黑格尔哲学贬为"笑话哲学"。（Neymeyr, 2020: 545-546）

[8] 在古希腊最著名的神谕之地德尔斐，女祭司皮提亚宣布神谕时就端坐在三足鼎上。根据希腊神话，皮提亚受到阿波罗神的启示，阿波罗神通过皮提亚之口向世人宣谕。这一神话的前情是：阿波罗出生方数日，就在提洛岛上杀死了巨蟒皮同（Python），执掌了神谕。希腊人在德尔斐举行皮提亚竞技会以纪念此事。根据神话，阿波罗神还与赫拉克勒斯争夺过神谕之鼎。尼采说的"香烟缭绕的三足鼎"，让人联想起从德尔斐的大地裂隙中升腾出的蒸气，据说可令人恍惚入神。（Neymeyr, 2020: 546）

实——哈特曼不仅从背后、从动力因（ex causis efficientibus）加以正当化，甚至还从前方、从目的因（ex causa finali）加以正当化；[9] 这个狡猾的家伙向我们的时代投射下末日审判的光，在他看来，这个时代是很好的，尤其是对于那些愿意忍受最严重的生活消化不良症，并唯恐末日来之不速的人。哈特曼将人类如今快要达到的年龄称为"壮年期"（Mannesalter）：根据他的描述，这是一种幸福的状态，在"壮年期"只存在"笃实的平庸"，至于艺术，不过是"柏林证券交易员打发晚间时光的滑稽剧"，在"壮年期"，"时代再不需要天才，因为这等于对牛弹琴，要么因为时代的发展已超越了适合天才的阶段，进步到了一个更重要的阶段"，[10] 在这样一个社会发展阶段，每个劳动者"都过着舒适的生活，因为劳动时间给他留出了充足的闲暇来培养知识"。最最狡猾的家伙，你说出了当今人类的渴望，但你同样知道，在人类的"壮年期"的末尾立着一个怎样的幽灵，这是最终达到笃实的平庸的知识培养的结果——厌恶感（Ekel）。显而易见，这种情况十分可悲，但更可悲的还在后头，"敌基督者显然正朝四面八方扩张"[11]——

---

[9] 动力因和目的因属于经院哲学区分"四因"的术语：（1）动力因，从外部作用的因，使后事看似由前事引发；（2）目的因，使事件由预设的目的决定；（3）形式因，赋予形态的因；（4）质料因，作用于质料的因。（Neymeyr, 2020: 546-547）

[10] 出自哈特曼《无意识哲学》（C篇第13章，第618—619页）。尼采为了反驳哈特曼，对后者论述风格做了改动。（Neymeyr, 2020: 547-548）

[11] 出自哈特曼《无意识哲学》（C篇第13章，第610页）。此处哈特曼批

但是，事情必须如此，必须如此发生，因为，我们走在对于一切而言都是最好的道路上——通向厌恶一切存在之物的道路。"因此，作为上帝的葡萄园里的工人，在世界进程中勉力前行吧！因为只有这一进程才能通往救赎！"[12]

上帝的葡萄园！过程！通往救赎！在这里，明眼人一看便知，历史教育（它只认得"生成"一词）怎样刻意伪装成一个滑稽的畸形，怎样通过蒙在面前的怪诞假面，对自己说着最随意放肆的话！这个狡猾的家伙向葡萄园里的工人发出最后一番呼吁，究竟要求他们做什么呢？他们要在何种工作中勉力前进？换言之，有历史教养的人，即那在"生成"之川中游泳、溺毙的人，狂热信仰进程的现代人，他还能做些什么，才能收获葡萄园里甜美的葡萄——厌恶感呢？他只有一件事可做，就是继续生活，一如往昔，就是继续去爱，继续去恨，继续去读报纸，一如往昔，反过来，对他来说，只有一宗罪

评了叔本华："唯有一人在各方面都与基督教彻底决裂，否认基督教有任何未来的意义，他就是叔本华。当然，他无非再度退到佛教的禁欲主义中去，不去想能否为未来的历史找到一种积极的原则，对我们这个时代的雄心壮志不抱丝毫理解和热爱，而这些品质在其他所有晚近的哲学家身上都得到了充分展现。显然，尘世的渴望日益壮大并获得关注，敌基督者正朝四面八方扩张，用不了多久，基督教在中世纪的伟大，将只剩下一点余晖，再次沦落到它产生之初的那一境地——穷苦民众的最后慰藉。"（Neymeyr, 2020: 548）

[12] 出自哈特曼《无意识哲学》（C篇第13章，第637—638页）。"上帝的葡萄园"的隐喻出自《圣经》的《马太福音》（20:1-16）。（Neymeyr, 2020: 549）

过——改弦易辙，不再如往昔一样生活。而他往昔究竟是怎样生活的，就记载在那一页著名的纸上，字大行疏，清晰无比。为着这一页纸，全体媚俗的教育败类都陷入了盲目的欣喜若狂，因为他们相信，他们从这些字句中能够读到自身存在的理由，甚至读到他们在启示录的光芒照耀下的存在理由。因为这个无意识的戏仿家要求每个人"将个性完全奉献给世界进程，为了达到它的目的，即世界的救赎"。说得清楚明白一些："肯定生命的意志，被宣告为目前唯一正确的事情；因为，要为世界进程尽绵薄之力，只在于全心全意投入生活和生活之苦，而不在于卑怯个人的遁世和退隐"，[13] "试图否定个人的意

---

[13] "那一页著名的纸"是指哈特曼《无意识哲学》的第 638 页，"字大行疏，清晰无比"是指哈特曼用大号字体和加粗来凸出核心论述，尼采此处引用的哈特曼论述在《无意识哲学》原书中就经过如此处理。首先，哈特曼赞成"肯定生命的意志"，既借鉴了叔本华的概念，又和叔本华的悲观主义伦理学前提（最终导向"否定生命的意志"、遁世和退隐）划清界限。哈特曼"肯定生命的意志"的立场和他的"无意识"，其实和尼采早期论著《悲剧的诞生》《历史对于人生的利弊》中对生命、本能的强调颇有契合之处。于是，哈特曼旨在调和悲观主义和（"暂时"为生活服务的）乐观主义的思想，与尼采本人的思想就有些近似。尽管如此，尼采依然猛烈抨击哈特曼，大概因为他希望将自己的论著和当时大获成功的《无意识哲学》区分开来：尼采认为哈特曼这部书是一种挑衅——尤其是尼采自己渴望得到公众更多关注。其次，哈特曼对叔本华多有批评，也让尼采备感不悦。最后，尼采对《无意识哲学》的不满，也由于哈特曼倡导一种"现实"取向的"实践哲学"，哈特曼根据时兴的"实在论"方式构思这种哲学，并以自然主义加以点缀。后来的批评家，较早重视尼采著作的勃兰兑斯（Georg Brandes），就反对将哈特曼"不加辨别、有失公正地视为江湖骗子"，而是认为尼采和哈特曼二人虽系对头，但思想的特征和先驱性是相似的。（Neymeyr, 2020: 549-551）

志，既愚蠢又徒劳，甚至比自杀还愚蠢"。"善于思考的读者无须多言就能明白，一种建立在这些原则之上的实践哲学是如何成形的，而这样一种哲学不能意味着与生活的断离，只能意味着与生活的彻底和解。"[14]

善于思考的读者自会明白，但哈特曼可能被误解了！他竟被人误解，这多么无法言喻的可笑！难道现在的德国人相当敏锐么？有个勇敢的英国人发现德国人缺乏感觉的细腻，甚至敢于指出"在德国人的心灵（German mind）中，似乎确有某些肤浅、鲁钝、笨拙和糟糕的东西"——伟大的德国戏仿家要表示反对么？[15] 根据他的解释，尽管我们正在接近"人类有意识地创造自身历史的理想状态"，不过，我们显然距离人类有意识地阅读哈特曼的著作那个或许更理想的状态还相当遥远。这种状态一旦成真，那么，没有一个人在脱口而出"世界进程"这个词的时候，不会露出会心的微笑；因为，此时人们会记得，曾经有过一个时代，哈特曼的戏仿福音书，以那种"德国人的心灵"的朴直，或者说以歌德说的"夜枭一般狰狞的严肃"，[16] 被当时的人们倾听、接受、争论、景仰、传颂和奉为正典。但是，世界必须朝前进步，那种理想状态是不能靠

---

[14] 两句引文皆出自哈特曼《无意识哲学》（第635—636、638页）。（Neymeyr, 2020: 551）

[15] 出自马修·阿诺德（Matthew Arnold）的《文学与教条：论如何更好理解〈圣经〉》（1873）。（Neymeyr, 2020: 551）

[16] 出自歌德的诗歌《厌世者》。（Neymeyr, 2020: 551）

梦想获得的，必须通过战斗来赢得，唯有通过欢乐才能走向救赎，才能从易遭误解的夜枭般严肃中获得救赎。将来有一个时代，人们会明智地放弃世界进程或人类历史的一切构想，在这个时代，人们将不再关注大众，而是再次关注起那些个人，正是这些个人在荒凉的"生成"之川上充当了某种津梁。这些个人并不延续某一过程，而是无时间地且同时间地生活着，又多亏历史允许这样一种共同作用，他们的生活构成了叔本华描述过的天才共和国；一个巨人透过时代与时代之间的寂寥间隙，向另一个巨人发出呼唤，接续高级的精神对话，而不必理会在他们中间四处爬行、恶意吵闹的侏儒。[17] 历史

---

[17] 叔本华区分了"天才共和国"（Genialen-Republik）和"学者共和国"（Gelehrten-Republik）。"学者共和国"的说法最早见于 17 世纪，克洛卜施托克在《德意志学者共和国，其组织及法律》中将"学者共和国"阐发为一项民族的文化政策规划。在当时德国的教育制度十分落后的历史背景下，"学者共和国"被推崇为在国家体制之外促进德国文化的一个共同体。叔本华却对此颇有批评，他认为，在"学者共和国"，"各人只想着各人自己的利益，只为自己追求权力和声望，哪管国家的整体利益会因此而蒙受极大损害"。他还提到"学术界的无知者"连同他们"如此小孩子般的自信"。（参见：叔本华，《附录和补遗》第 2 卷，2020，第 133、580 页。）此处尼采提到的是叔本华 1824 年的遗稿中对"天才共和国"的描述："人们常常谈论学者共和国，却无人关注天才共和国。天才共和国就是：一个巨人透过时代与时代之间的寂寥间隙，向另一个巨人发出呼唤，而底下四处爬行的侏儒群体既听不清他们的声音，也不明白究竟发生了何事；同样，侏儒在下方不停胡闹，大肆喧哗，捡拾巨人掉下来的牙慧，把同样是侏儒的人宣布为英雄，等等，但那些巨人并不受打扰，而是继续他们之间高级的精神对话。我说的是：每一个天才都理解很久以前同类的天才说过的话，而他的同时代人和生活在这两个时代之间的人却不理解这些话，而他自己说的话，他的同时代人也是不

学的使命，就是充当巨人之间的媒介，并一再为伟大事物的
诞生创造契机、注入活力。不，人类的目的并不在进程的终点，
只在人类的至高典范。[18]

对此，我们这位滑稽的先生自然表示反对，他借助了那
种令人惊叹的辩证法，但是，为这种辩证法惊叹的人有多么

理解的，可同类的天才终有一日会理解并回应他。——同时，天才在侏
儒当中是格格不入的，侏儒也看到这一点，但不能加以关注，避免引发
混乱。"

叔本华关于"天才共和国"的笔记，显示出明确的知识贵族心态，他也
试图用这种心态来缓和自己的著作在最初数十年间乏人问津的窘境。尼采的
第一部作品《悲剧的诞生》也遭受了严厉的批评，因此，就"天才"的孤独
境遇而言，尼采对叔本华可谓心有戚戚焉。在本书第二章论"纪念式历史"
时，尼采就显示出了他的精英个人主义倾向，比如他说："诸多个人奋斗的
伟大时刻构成了一个链条；由此，人类的峰峦历经千年彼此相连"，以及"对
一切时代的伟大事物具有一致性和连续性的信念，是对世代变幻和人生苦短
的一种抗议。至于群众，他接下来只视为"伟大人物的粗疏复制品"云云。
在《瞧，这个人》中，尼采也强调了自己的不合时宜以及由此导致的自己的
著述乏人问津："我自己的时代也尚未到来，有些人是死后才得以诞生的。"（尼
采，《瞧，这个人——人如何成其所是》，2016，第 57 页。）(Neymeyr, 2020:
552-554)

[18] 后来在《不合时宜的考察》第三篇《作为教育者的叔本华》中，尼采也
提出了这一目的论视角，断然总结："人类就是要持续不断地努力，以
产生伟大的个体。这，只有这，才是人类的任务。"此处尼采从生物学
的角度论证，引出了进化论并转向了相反的观点："自然唯一的关注就
是产生更高级的种类范例，更不同寻常、更强有力、更复杂、更能结出
果实的范例。"尼采非常愿意将这一认识应用到"社会及其目的之中"，
但是，"那灌输给人们头脑的关于社会目的的错误见解"妨碍了这样做。
（参见：尼采，《尼采著作全集》第 1 卷，2023，第 435 页。）尼采的这
种目的论人类学观念，决定了他以"至高典范"为人类发展之目的，后
来在《查拉图斯特拉如是说》中得到了更显著的表达——"超人"学说。
(Neymeyr, 2020: 554)

值得惊叹，这种辩证法也就有多真实："认为世界进程可以追溯到过去无限久远的时间，这是不符合发展的概念的，因为如此一来，每一种能想象到的发展，人类都必定已然经历过，可这并非事实。"[19]（啊，无赖！）"我们同样无法承认，世界进程在未来也是无限延续的；这两点都会取消向某一个目标发展的概念"（啊，更是无赖！），"就会把世界进程等同于达那俄斯诸女不停汲水。但是，逻辑的事物彻底战胜非逻辑的事物"（啊，无赖之尤！）"必定与世界进程在时间上的终结，也就是末日审判，一同来临"。[20] 不，你这个清醒而戏谑的精灵，

---

[19]　"世界进程"可追溯到过去无限久远的时间，因此每一种能想象到的发展，人类都必定已然经历过，且由于"世界进程"在未来也无限延续，因此发展、结果、目标这些概念也都失去了意义。这类观点虽是在哈特曼《无意识哲学》引文中出现的，是哈特曼反对而尼采并未直接肯定的，却很容易让人联想起尼采后期的"永恒轮回"学说。后来尼采曾经怀疑："从这个瞬间之门道，有一条漫长的永恒的路向后伸去：在我们背后有个永恒。一切能走的，不是都该在这条路上已经走过一次了吗？一切能发生的，不是都该已有一次发生过、完成过、曾在这条路上走过去了么？……这个在月光下慢慢爬行的蜘蛛，这个月光本身，还有在门道上一同窃窃私语、谈说永恒事物的我和你——我们不是全应当已经存在过了么？——而且再回来，走那条在我们面前伸出去的另一条路，在这条漫长的可怕的路上——我们不是必须永远回来么？"（尼采，《查拉图斯特拉如是说（详注本）》，2014，第179—180页。）——译者注

[20]　出自哈特曼《无意识哲学》（第637页）。哈特曼以达那俄斯诸女汲水的神话比喻"世界进程"的无意义：达那俄斯王（Danaus）有50个女儿；他的兄弟埃古普托斯（Aigyptos）有50个儿子。这50个青年想娶达那俄斯王的50个女儿为妻，被迫成婚后，达那俄斯暗中给了50个女儿每人一把匕首，让她们将各自的丈夫杀死，结果埃古普托斯有49子被杀。根据神话的一个版本，达那俄斯诸女被罚在冥府用无底桶汲水，永无止

只要非逻辑的事物还像现在这样占据支配地位，只要比方说
"世界进程"还能如你所讲的那样获得普遍赞同，末日审判就
还为期尚远：因为，这个地球上还是太多愉悦了，不少幻想
仍在绽放（比如，你的同时代人对于你的幻想），我们还没有
成熟到足以被抛回你的虚无之中；因为，我们相信，一旦人
们开始理解你，理解你这个被误解的无意识者，地球上还会
更欢乐一些。但是，如果厌恶感仍然会强烈袭来，一如你向
读者预言过的，如果你对现在和未来的描述是正确的——没
人比你更蔑视、更带着厌恶感蔑视现在和未来——那么，我
就十分乐意按照你提议的形式，以多数票赞成决定，下周六
晚 12 时整，你的世界将走向末日；我们的法令也可以决定：
自翌日始，时间（Zeit）不复存在，报刊（Zeitung）不再出版。
不过，或许不会发生什么作用，我们颁布法令只是徒劳：也罢，
我们至少不缺时间来做一次美好的试验。我们拿出一架天平，
把哈特曼的无意识放入一个托盘，把哈特曼的世界进程放入另
一个托盘。有些人相信，二者称出来是等重的：因为，两个
托盘上放着的是同样恶劣的词语，也是同样精彩的笑话。——
一旦有人弄懂了哈特曼的笑话，就没人会再用哈特曼的"世

歇。自古希腊罗马时代以来，这一神话故事就常用以比喻徒劳无功之举。
叔本华就屡次使用这一神话来隐喻欲求的无止尽："欲求的主体就好比
是永远躺在伊克希翁的风火轮上，好比永远是以姐娜伊德的穿底桶在汲
水，好比是水深齐肩而永远喝不到一滴的坦达努斯。"（叔本华，《作为
意志和表象的世界》，2018，第 253—254 页。）这一比喻亦见于《作为
意志和表象的世界》第 1 卷第 57、65 节。（Neymeyr, 2020: 555-556）

界进程"这个词，除非是用来打趣。事实上，调动全部的充满讽刺的恶意，来反对历史感的泛滥，反对过分偏爱进程而牺牲存在和生活，反对胡乱推移一切视角，如今正当其时；应该始终表扬"无意识哲学"的作者第一个敏锐地感觉到了"世界进程"这一观念的可笑之处，而他描述这一观念时那种特殊的严肃，则让人对此更加感同身受。"世界"的目的何在，"人类"存在的目的何在，我们姑且不必操心，除非我们想开个玩笑：因为，小小人类虫豸的坐井观天，终究是地球舞台上最好笑、最欢乐的事情。[21] 不过，你作为单个的人为何而存在，却不妨问问自己，如果没有其他人能告诉你，那就尝试一下给自己设定一个目标、一个目的、一个"为此"，一个崇高而贵重的"为此"，也就是为自己存在的意义提供一个所谓后天（a posteriori）的证成。为了这个目的，之死靡它——据我所知，最上乘的人生目的，无过于为了伟大的、不可能

---

[21] "人类虫豸"，此处或许暗指歌德的《浮士德》第一部，尼采在《不合时宜的考察》诸篇中多次暗示过这部戏剧。在第三篇《作为教育者的叔本华》中，尼采批判了"歌德式人"，凸显浮士德这一人物在永不满足的欲求和有缺陷的现实之间的矛盾处境。（参见：尼采，《尼采著作全集》第1卷，2023，第418—421页。）《浮士德》第一部屡屡将人类的妄自尊大同他纯粹的动物本性加以对照，浮士德就将自己比作"虫豸"。在第一场《夜》中，傲慢自负的浮士德召唤来地灵，体验到宇宙奇观之后，如是表达他的彻底幻灭感："我跟神不相肖似！这一点我颇有深感；我像那蠕虫，在尘土里面乱攒。"（歌德，《歌德文集：浮士德》，1999，第39页。）（Neymeyr, 2020: 556）

的事物，"不惜献出伟大灵魂"而陨落。[22] 与此相对，认定"生成"至高无上的学说，认定一切概念、属、种都流动不居的学说，认定人和动物之间不存在任何本质区别的学说——这些学说，我认为皆是真实的，却是致命的——如果将这些学说，[23] 在整整一代人的时间内，经由现今流行的教育狂热，灌输到一个民族当中，那么，发生下面的事情就不值得任何人惊讶了：这个民族会由于利己主义的琐碎和贫弱，由于僵化和自私而灭亡，也就是说，他们首先会四分五裂，不复成其为一个民族；取而代之在未来的舞台上粉墨登场的，或许是一套人人各私其私的制度，纠结朋党来肆意剥削非朋党，以及类似的功利主义的卑鄙创举。为了替这些创举铺路，人们开始从大众（Massen）的立场出发来书写历史，并在历史中寻找规律，这规律应该从大众的需求中推导出来，即要符合社会底下的黏土层和陶土层的运动规律。在我看来，大众仅在三个方面值得一提：首先，他们是伟大人物的粗疏复制品，在破损的印版

---

[22] "不惜献出伟大灵魂"（animae magnae prodigus），意指一种不甘于维系自身的平庸生活、勇敢摒除一切界限的悲剧命运。尼采引自贺拉斯（Horace）的一首颂诗（《颂诗集》第 1 部第 12 首第 37—38 行）。这首颂诗赞美了罗马历史上的英雄，其中有埃米利乌斯·保卢斯（Aemilius Paullus），在布匿战争中，当汉尼拔大败罗马军团时，他没有临阵脱逃求生，"惨败于布匿人，保卢斯仍不惜献出伟大灵魂"（animaeque magnae prodigum Paullum superante Poeno）。（Neymeyr, 2020: 556-557）

[23] 尼采此处指达尔文的学说。达尔文的《物种起源》就主张，自然史上的一切物种都是通过变异以适应各自的自然条件，并通过自然选择而进化出来的。（Neymeyr, 2020: 557）

上覆以劣质的纸张制成；其次，他们是伟大人物的阻力；最后，他们是伟大人物的工具；至于大众的其他方面，去找魔鬼和统计学吧！统计学如何证明历史是有规律的？规律么？其实，它只能证明大众多么庸鄙、多么恶心地千篇一律：可以将重力作用、愚、痴、爱、饿之类称为规律么？那好，我们不妨承认这一点，但同时这也肯定了这一个命题：只要历史中存在规律，规律就毫无价值，历史也毫无价值。然而，现今广受推崇的正是这样一种历史学，它将巨大的大众冲动当作历史中重要和主要的东西，而将一切伟大人物仅仅视为这种冲动最明显的表现，好比湍流表面出现的浮沫。[24] 于是，大众可以从自身中孕育出伟大，就像混沌可以从自身中孕育出秩序；而最后，颂歌当然要献给进行孕育的大众。一切事物，只要较长时间地推动了这样的大众，并成为所谓"历史的强力"，都会被称为"伟大"。但是，这岂不等于故意混淆数量和质量？假设鲁钝的大众发现某种思想（比如一种宗教思想）非常适合他们，顽强地捍卫它，让它延续数百年：如此一来且唯有如此，这种思想的发见者和创立者才算伟大的人。可是，原因何在？最高贵、最崇高的事物根本影响不到大众；基督教在历史上

---

[24] 叔本华在《作为意志和表象的世界》中区分本质的、真实的世界（理念本身）和非本质的、虚假的世界（理念显现的偶然形式）时采用了类似比喻："对于在巨石之间滚滚流去的溪水来说，它让我们看到的那些漩涡、波浪、泡沫等是无所谓的，非本质的。"（叔本华，《作为意志和表象的世界》，2018，第253—254页。）——译者注

获得的成功、它的历史强力、韧性和存续长短，这一切，所幸都不能证明其创立者的伟大，因为这其实是对他不利的证据：不过，在他与基督教在历史上的成功之间，横亘了一层极为世俗和昏暗的激情、谬误、对权力和荣誉的贪婪，横亘着一层罗马帝国不断加以影响的力量，正是从这一层事物中，基督教获得了尘世的品位和残渣，它由此得以在这世上延续，仿佛获得了持久的续命。[25]是否伟大，不应该取决于是否成功，德摩斯梯尼即使一事无成，依然堪称伟大。[26]基督教在俗世中的成功，它的所谓"历史强力"，总是遭到它最纯粹、最真诚的追随者的质疑，遭到他们的妨碍而非促进；因为他们习惯于置身"世界"之外，不关心"基督教理念的进程"；所以，他们大多在历史学中完全默默无闻，乏人问津。用基督教的语言来表达：魔鬼是尘世的统治者，是成功和进步的主宰；

[25] 关于基督教会与世俗权力的关系、基督教会"在历史上的成功"，布克哈特也有明确批判："教会曾经多次经历了衰落的危机，而每一次危机都是因为它萌生了世俗的欲望，并且因为它试图把那些欲望一点一点地变为现实。好在每一次都有尘世的力量来帮助教会，或者说至少帮助教会的最高机构——教皇的统治"。然而，"从 12 世纪开始，教会逐渐感觉到自己这种世俗化带来的负面影响。它实际上已经变成了一个巨大的'世俗的帝国'，从而一点点地丧失了自己和教会的和精神的本性"。（布克哈特，《世界历史沉思录》，2007，第 108—109 页。）——译者注

[26] 德摩斯梯尼（Demosthenes，前 384—前 322），古希腊雄辩家和政治家，以其演说《反腓力辞》成为反抗马其顿国王腓力二世的代言人。当时，腓力二世已是希腊世界的霸主，其子亚历山大大帝继续扩张为帝国。公元前 323 年，德摩斯梯尼参加希腊人反马其顿统治的运动失败，被判处死刑，刑前服毒自尽。（Neymeyr, 2020: 558-559）

他是一切历史强力中真正的强力，并且本质上将永远如此——
对于一个习惯将成功和历史强力当作偶像来崇拜的时代，这听
上去似乎是很刺耳的。这个时代已经十分善于给事物进行重新
命名，甚至给魔鬼重新施洗改名。这无疑是一个极其危险的
时刻：人类似乎就要发现，个人、集体或大众的利己主义在
任何时代都是历史运动的杠杆；[27] 同时，这一发现却根本无法
使他们感到不安，他们反而规定：利己主义要成为我们的上
帝。有了这一新信仰，他们打算以最清晰的意向性将未来的
历史建立在利己主义的基础上：不过这得是一种理智的利己
主义，它懂得给自己加上某些限制，从而把自己巩固得更加
持久，懂得为了分辨不理智的利己主义而去研究历史。通过
研究历史，人类了解到，在即将成立的利己主义的世界体系中，
国家承担着一项十分特殊的使命：它将成为一切理智的利己

---

[27]　利己主义是历史运动的杠杆，尼采似乎是指黑格尔在《历史哲学》中说的：
　　　"个别兴趣和自私欲望的满足的目的却是一切行动的最有势力的泉源。"
　　　黑格尔认为，人类的激情是自由精神实现自我的一种手段，是"从私人
　　　的利益，特殊的目的，或者简直可以说是利己的企图而产生的人类活动"，
　　　虽然被看成有些不道德，但若没有激情，"世界上一切伟大的事业都不
　　　会成功"。（黑格尔，《历史哲学》，2022，第 19—21 页。）恩格斯也说："在
　　　黑格尔那里，恶是历史发展的动力的表现形式。这里有双重意思：一方
　　　面，每一种新的进步都必然表现为对某一神圣事物的亵渎，表现为对陈
　　　旧的、日渐衰亡的、但为习惯所崇奉的秩序的叛逆；另一方面，自从阶
　　　级对立产生以来，正是人的恶劣的情欲——贪欲和权势欲成了历史发展
　　　的杠杆。"（恩格斯，《路德维希·费尔巴哈和德国古典哲学的终结》，中
　　　共中央马克思恩格斯列宁斯大林著作编译局编译，人民出版社，2018，
　　　第 32 页。）——译者注

主义的护法神，用它的军队和警察力量保护它们，防范不理智的利己主义的恐怖发作。为着同一目的，历史学，确切地说是动物史和人类史，被谨慎地传达给不理智故而危险的人民大众和劳工阶层，因为人们懂得，一颗历史教育的小小谷粒，就足以打破粗野鲁钝的本能和欲求，或者将之引上精致的利己主义的轨道。总之，用哈特曼的话来说，人类如今"考虑的是，一边审慎地张望未来，一边务实地在尘世家园里安排舒适的生活"。[28] 这位作家将这样的时期称为"人类的壮年期"（Mannesalter der Menschheit），并借此嘲讽现今所谓的"壮年人"（Mann），仿佛这只能用来称呼那些清醒了的自私自利者；尽管他还预言，这样一个壮年期之后跟着一个与之相称的老年期（Greisenalter），但这显然只是便于大肆嘲讽我们合乎时宜的老年人：因为他讲到了老年人圆熟的静观，他们以此来"达观他们过去人生历程中的一切狂暴苦难，理解他们迄今努力追求的臆想目标乃是空虚的"。[29] 不，那种狡猾的、有历史教养的利己主义壮年期，与之相称的，则是一种贪婪得可厌的、毫无尊严地苟延残喘的老年期，然后，最后的一幕就是：

> 结束了这段奇特地变幻的历史，
>
> 复归于童年，遗忘一切，

---

[28] 出自哈特曼《无意识哲学》（C 篇第 13 章，第 618 页）。（Neymeyr, 2020: 559）
[29] 出自哈特曼《无意识哲学》（第 625 页）。（Neymeyr, 2020: 559）

没有眼睛、没有牙齿、没有味觉及一切。[30]

    无论我们的生活和文化如今面临的危险，究竟是来自这些丑陋的、失去牙齿和味觉的老年人，还是来自那些哈特曼所谓的"壮年人"，面对这二者，我们都要咬牙坚守我们青年（Jugend）的权利，不懈地在我们的青年中捍卫未来，反对那些未来图景的破坏者。[31] 然而，在这场斗争中，我们也必须

---

[30] 出自莎士比亚《皆大欢喜》（第 2 幕第 7 场）："终结这段古怪的多事的一生的最后一场，是孩提时代的再现，全然的遗忘、没有牙齿、没有眼睛、没有口味、没有一切。"（莎士比亚，《莎士比亚全集》第 2 卷，朱生豪译，译林出版社，2023，第 128 页。）此处据尼采引用的德文译本译出。尼采在《朝霞》中也提到，那些仇视生命、诋毁快乐的人，"在所有玫瑰花丛下觉得有掩盖着和隐藏着的坟墓；嬉戏，游乐，吹弹，于他们皆好像病重者最后的自宽，似乎要在最后一刻吸尽生命的麻醉的快乐"，他们蔑视这种追求快乐，认为这是孩童式的。但是，恰恰相反，他们这种对快乐的诋毁，本身无非是"疾病和疲倦的黑暗背景对于欢乐的反射"，本身就是令人同情的、非理性的和可悲的，正是孩童式的，是"来自伴随老年而来和作为死亡前驱的第二个儿童期"。（尼采，《朝霞》，2007，第 313—314 页。）尼采批判的诋毁快乐的、堪比"第二个儿童期"的老年心态，同他此处批判的丑陋的、失去牙齿和味觉、复归于孩提的"老年期"是相通的。——译者注

[31] 尼采此处谈到的人类"青年""壮年""老年"时代划分，及他对"壮年"和"青年"褒贬不同的态度，诚然意在批判哈特曼的《无意识哲学》，但若不结合黑格尔的历史哲学，读者便不易索解。黑格尔在《历史哲学》中提出，世界精神的历史展开，以东方作为开端，先后经历了东方（中国、印度和中亚）、古希腊、古罗马、日耳曼四个发展阶段，这四个发展阶段，类似于人类文明的幼年时代、青年时代、壮年时代、老年时代，最终在"老年时代"即日耳曼世界，其实是普鲁士王国的君主立宪制中，世界精神达到完满和终结，"自然界的'老年时代'是衰弱不振的；但是'精神'

注意一件特别恶劣的事情：有人会故意地促进、鼓励并且——
利用历史感的泛滥，即便当前时代正深受其害。

　　有人会利用历史感的泛滥来反对青年，以便调教青年们
达到那种利己主义的壮年人的成熟，这种境界现今到处都受到
追捧；有人会利用历史感的泛滥，对这种冒充壮年的利己主
义进行美化的、即科学—魔法式的阐明，以便破坏青年对此的
天然反感。人们确实知道，历史学，一旦发生某种程度的过度，
能够产生什么效果，人们就是知道得太清楚了：根除青年最强
烈的本能——他们的血性、反抗、忘我和爱意，窒息他们灼热
的正义感，对于他们渐臻成熟的欲望，则以赶紧完备、赶紧
有用、赶紧见效的对立欲望加以压制或遏止，对于他们感觉
的真诚和大胆，则以怀疑的毒液加以腐蚀；历史学甚至能够
诱骗青年放弃自己最重要的特权，使他们不能以充盈的信仰，
在自己身上培育一种伟大的思想，然后从自身生发出来一种更
伟大的思想。我们已经看到，历史学的某种过度就能够做到
这一切：主要是通过不断推移视域的远景，通过清除遮护生

的'老年时代'却是完满成熟的力量，这时它和自己又重新回到统一"。
（黑格尔，《历史哲学》，2022，第97—101页。）其中，黑格尔把希腊比
作青年时代，对尼采的修辞显然是有影响的，尼采在本书中反复将古希
腊作为充满活力的象征，宣称自己是"希腊时代的学生"，为了摆脱历史
感过剩的现代病，就要"将目光勇敢地投向伟大的、自然的、人性的
古希腊原初世界，去那里寻找我们的典范"，同时又将这一希望寄托于"拥
有自然的本能"的青年，强调要"坚守我们青年的权利"，云云，这一
对应并非偶然。——译者注

命的大气层,历史学不再允许人类非历史地感觉和行动。于是,人类从无限的视域回缩到自身,回缩到最促狭的利己主义地盘,且必将在这里面凋零枯萎:他可能达到理智(Klugheit),但永不会成就智慧(Weisheit)。他善解人意,顾虑事实,顺从事实,毫不冲动,他眨着眼,懂得在他人的利弊中为自己或自己的党派争取利益;他丢掉了多余的羞耻,渐渐地变成哈特曼式的"壮年人"和"老年人"。然而,他应当成为这样的人,这一点正是现在如此犬儒主义地呼吁"将个性完全奉献给世界进程"的意义——这是为了他的目的,即世界的救赎,正如哈特曼这个无赖向我们保证的。如今,哈特曼的"壮年人"和"老年人"的意欲和目的,大概并不是世界的救赎;相反,倘若这世界能摆脱这些壮年人和老年人,它必定更好地获得救赎。因为那时青年的王国就会降临。

十

在这里，我想到了青年，我呼唤陆地！陆地！[1] 在幽暗陌生的大海中，我们狂热搜寻和迷失许久了，太久了！此刻终于出现了海岸：不管是怎样的海岸，都必须在这里登陆，最恶劣的避风港也好过再次漂回绝望、怀疑的无穷深渊。我们得先守住这块陆地，晚一点再去寻觅良港，让后来者的航程更加便捷。

这次航行危险而刺激。当初我们平静地观望船舶驶向大海，此刻的心境早已今非昔比。在追索历史学造成的种种危险时，我们发觉，最强烈地遭受这一切危险的正是我们自己；我们自己身上就显现出那种印记，象征着现代人因过度的历史学而遭受的痛苦；我也不打算掩饰，目前这篇论文，就其批判之无度、其人性之欠成熟而言，就其从嘲讽到犬儒、从自负到

---

[1] 尼采在第九章末尾已转向了"青年"，最后一章即第十章以"青年"为主旨展开。（Neymeyr, 2020: 560）

怀疑的频繁转换而言，也显露出它的现代性特征，即个性虚弱
的特征。不过，我信赖这种启发灵感的强力，正是它而不是神
灵在为我领航，我深信青年给了我正确的引导，因为他们如今
让我感到，我必须对现代人施之于青年的历史教育提出抗议，
作为抗议者，我呼吁，人类要先学会生活，而仅仅利用历史
学为他学会的生活服务。一个人必须年轻,方能理解这种抗议,
然而，现代的人总是少年白头，所以他们不大可能年轻到足以
感受得到这里究竟在抗议什么。我要借一个例子来说明。就
在百余年前的德国，有一些青年身上觉醒了一种自然的本能，
对于常说的"诗歌"的本能。有人会觉得，莫非此前和当时
的好几代人都没有谈论过这种对于他们的内在来说陌生且不
自然的艺术么？众所周知，恰恰相反：他们竭尽全力地思考、
写作和争论"诗歌"，在词语之上重复添加空话、空话、空话。
一个词语开始觉醒生命，并不伴随着那个造词者的即刻死亡；
在某种意义上，他们现在仍然活着；因为，纵然如吉本所言，
一个世界的衰亡，仅需时日，但需颇多时日，那么，在德国这
个"渐进之国"，一个错误概念的消亡虽也仅需时日，但所需
的时日还要多得多。[2] 毕竟，如今懂得什么是诗歌的人或许比

---

[2] 尼采转引自德国小说家让·保罗（Jean Paul, 1763—1825）《美学入门》
　　第九章《论诙谐》第 47 节。爱德华·吉本在《罗马帝国衰亡史》中将罗
　　马帝国的衰亡分为几个不同历史阶段：从马可·奥勒留驾崩（180 年）到
　　奥斯曼土耳其攻陷君士坦丁堡（1453 年）后拜占庭帝国的崩溃。尼采将
　　德国称为"渐进之国"，是借用了瓦克纳格尔的《迄于 17 世纪初的德国
　　戏剧史，1845 年举办的两次讲座》中的说法，瓦克纳格尔认为，德国人

百年前要多出一百人；再过百年，或许又会多出一百人在此期间学会什么是文化，而且懂得：德国人迄今还没有文化，无论他们如何称道自己的文化并扬扬自得。在这些未来的人看来，德国人对他们的"教育"的普遍自满，正如在现在的我们看来，哥特舍德过去被公认为古典主义作家，拉姆勒过去被尊为德国的品达一样，难以置信，荒谬可笑。[3] 这些未来的人或许会断定，这种"教育"只是一种对教育的知识，且是一种相当错误和浅薄的知识。说虚伪和浅薄，是因为人们安于忍受生活、知识之间的矛盾冲突，是因为人们完全忽视了真正有文化的民族的教育应有的特征——文化只能自生活中萌芽和绽放；可在德国人这里，文化就像纸花一样插在上面，或像糖衣一样涂在上面，所以必须始终保持虚伪和贫弱的状态。但是，德国的青年教育正是从这种虚伪、贫弱的文化概念出发的：这种教育的目标，即使设想得极为纯粹和高尚，也根本不是

的历史"之所以对历史学家和哲学家来说如此有教育意义……是因为他们历史上每一次关键的转折都是渐进的"。（Neymeyr, 2020: 560）

[3]　哥特舍德（Johann Christoph Gottsched, 1700—1766）被视为 18 世纪崇尚天才思潮的反对阵营代表。尼采对他的评论便是受此影响，也符合当时文学史研究的基本倾向。哥特舍德坚决反对巴洛克文学的极端形式，斥之为"浮华之词"，他青睐法国古典主义的规范体系，即尼采此处说的"古典主义"。拉姆勒（Karl Wilhelm Ramler, 1725—1798），德国诗人、翻译家和柏林皇家剧院总监。拉姆勒的颂诗谨守古代诗歌的格律，同时代其他诗人皆将其诗作视为形式上的典范，地位堪比同样被视为古代上乘诗歌典范的品达（Pindar, 约前 518—约前 438）。相反，"狂飙突进"时期的作家如青年歌德等人则认为品达并不拘泥于诗歌的形式、格律，而是原生的、自然的天才。（Neymeyr, 2020: 560-561）

有教养的自由人，而是学者，是科学人，尽早有用的科学人，
这种人把自己置于生活之外，只为更清楚地认识生活；这种
教育的结果，经验地和一般地审视，是受过历史—审美教育的
庸人，[4] 是机心深而智慧浅的饶舌家，徒知高谈阔论国家、教
会和艺术，是能捕捉千般感觉的感觉中枢，是无法满足的胃口，
不知何谓真正的饥渴。具有如此目的、造成如此结果的教育
是违反自然的，唯一能感觉到这一点的人，是尚未完成这种
教育的人，具有青年的本能的人，因为青年仍拥有自然的本能，

---

[4] "受过历史—审美教育的庸人"，即尼采早期著作中的概念"受过教育的庸
人"（Bildungsphilister，或译为文化庸人、教育庸人）。在《不合时宜的
考察》第一篇《大卫·施特劳斯——自白者与作家》中，尼采将大卫·施
特劳斯视为受过教育的庸人的典型，并对"受过教育的庸人"（非泛指庸人）
做了界定："我们知道，庸人这个词源于大学生活，但其在更为广泛和流
俗的意义上则表示诗人、艺术家、真正的文化人的对立面。……'文化庸人'
之有别于对'庸人'类型的一般观念，乃是由于一种迷信：他妄自以为
自己是诗人和文化人，这是一种无法理解的妄念。而且，由此可知，他
根本不知道什么是庸人，什么是庸人的对立面，不懂得他们之间的差异。"
（尼采，《尼采著作全集》第 1 卷，2023，第 191 页。）尼采甚至自诩率先
使用了这个词，在《人性的，太人性的》第 2 卷序中，他说："对已老的
大卫·施特劳斯的那种德意志狂、那种慢条斯理、那种语言上的不修边
幅爆发的愤怒以及第一个'不合时宜的观察'的内容，发泄了我很久以前，
当我还是一个学生，坐在德意志文化和文化庸人中间时就有的那种情绪
（我要求成为现在被大量使用和误用的'文化庸人'一词之父）。"（尼采，《尼
采全集》第 2 卷，2011，第 247—248 页。）在《瞧，这个人》中，他也说：
"自从有了我的这篇论著，'教育庸人'一词就在德语中留了下来。"（尼采，
《瞧，这个人——人如何成其所是》，2016，第 84 页。）不过，这个词其
实并非尼采首创，在 19 世纪 60 年代甚至更早已有作家使用过。（Neymeyr,
2020: 561-562）

而自然的本能正被这种教育人为地、粗暴地加以破除。谁要想反过来破除这种教育，就必须帮助青年发声，就必须用概念的光亮为青年不自觉的抵抗引路，把它变成一种自觉的、高声发言的意识。他怎样才能达到这样一个非同寻常的目的？

首先，他要破除一种错误的信仰，即迷信这种教育措施的必要性。然而，人们以为，除了我们目前极其可厌的现实之外，绝无其他可能。如果有人想验证这一点，为此去考察数十年来关于高等学校—教育事业的文献，他就会又惊又气地发现，尽管种种提议变来变去，种种矛盾斗争激烈，但是，人们对教育的总体目的的想法是多么一致，人们又是多么不假思索地将教育迄今为止的成果——现在理解的"有教养的人"，当成任何将来教育的必要的、合理的基础。这个众口一词的教条，大致可以这样表述：青年的起步，应该始于有关教育的知识，而非始于有关生活的知识，更非始于生活和经验本身。而这种有关教育的知识，是以历史学知识的形式，喂养或灌输给青年的；换言之，他的头脑会塞满不计其数的概念，这些概念抽绎自对过去时代和民族的极其间接的了解，而非源自对生活的直接观察。青年本渴望亲自体验一些事物，并感觉到他的各种经验在自己身上发展成一个连贯的、生动的体系——但是，这种渴望会被一种丰富的幻象所眩惑，他不觉自醉，仿佛自己能够在短短几年内将古代尤其是最伟大时代的最崇高和最奇妙的经验集于一身。正是同一种荒唐的方法，把我们尚未成熟的青年艺术家引向艺术的展馆和画廊，而不是引向艺术大师的工作室，尤其是无与伦比的大师——自然的唯一工作室。的确，仿佛匆匆路过并一瞥历史学，人就能洞悉过去时代的秘诀和技艺，洞悉过去时代真正的生活成就！的确，仿佛生活本身并不是一门手艺，并且这门手艺必须不懈地从头学习、无情操练，才能令滥竽充数和夸夸其谈的人永无出头之日！

柏拉图认为，有必要借助一个强有力的必要谎言（Nothlüge），来培育他的（在完美国家中）新社会的第一代人；孩童们应该学会相信，曾经有一段时间，他们全都住在地底深处，生活如梦似幻，就在那里，自然的工艺大师将他们陶铸成形。要反抗这一过去，不可能！要妨碍诸神的工作，不可能！这应该被视为一条牢不可破的自然规律：生为哲学家的人，有黄金铸造身体，生为保卫者的人，仅有白银铸造身体，而生为劳动者的人，则有铁和铜。柏拉图解释说，正如这些金属不可能混杂在一起，种姓的秩序也绝不可逾越和淆乱；相信这一秩序乃永恒的真理（aeterna veritas），是新式教育的根基，因而也是新式国家的根基。[5]——同样，现代德国人也相信他们的教育、他们那种文化是永恒的真理。然而，一旦有必要真理（Nothwahrheit）和必要谎言对质，这种信仰就会坍塌，下场同柏拉图式的国家一样：德国人没有文化，因为他的教育让他根本不可能有文化。他只要花，但不要根和茎，

---

[5]　出自：柏拉图，《理想国》，第 3 卷，第 414b—415c 页。(Neymeyr, 2020: 566)

那么，他连花也得不到。这是一个简单的真理，一个尴尬的、粗暴的真理，一个确实的必要真理。

不过，我们的第一世代的人必须在这一必要真理中接受教育；他们当然受苦最深，因为，他们必须通过这种真理来教育自己，实则等于教育自己来反对自己，挣脱陈旧的、最初的天性和习惯，达成一种全新的习惯和天性：这样他们就能对自己说一句古西班牙格言：愿上帝保护我不受我自己的伤害（Defienda me Dios de my）！不受我那已养成天性的伤害。[6] 他们必须一点一滴地品尝这一真理，就像品尝一剂苦涩而猛烈的药，这一世代的每一个人都必须克服自己，必须自己对自己下一判断，这一判断，若是对这整个时代的一般判断，他会更容易承受，这个判断就是：我们没有教育，更糟的是，我们已经堕落到不能去生活，去正确而简单地看和听，去幸福地抓住最切近的事物和最自然的事物，甚至我们迄今都没有一种文化的根基，因为我们自己都不相信我们有真正的生活。我们被弄得支离破碎，整个被粗暴地拆分成一半内在、一半外在，我们身上覆满了龙牙一般的种种概念，再生出概念的恶龙，[7] 我们由此染上了词语的疾病，不敢信赖自己的任

---

[6]　此处的西班牙格言，尼采引自蒙田："最悲惨也最寻常的痛苦，乃是我们的幻想给我们自己造成的。这句西班牙格言颇得我心：愿上帝保护我不受我自己的伤害。"（Neymeyr, 2020: 566-567）

[7]　根据神话，卡德摩斯（Kadmos）杀死一条龙后，在田地里播种下了龙牙，结果长出了一队全副武装的战士，这些战士彼此厮杀，最后幸存的 5 人协助卡德摩斯创建了底比斯城。反对靠"概念"进行化约，因而反对"概

何感觉，除非给它打上词语的戳记：作为这样一个没有生气却又极其活跃的概念—词语生产者，我或许还有权利说自己是"我思，故我在"（cogito, ergo sum），却不是"我生，故我思"（vivo, ergo cogito）。[8] 允许我获得的是空虚的"存在"，却不

念—词语生产者"，这一思想贯穿了尼采的早期著作，尤其见于《在道德之外的意义上的真理与谎言》一书。同时，尼采的批评也隐约针对叔本华的论敌黑格尔及其"概念"。（Neymeyr, 2020: 567）

[8] "我思，故我在"，完整的原句为："ego cogito,ergo sum."出自笛卡尔《哲学原理》（1644）："我们在怀疑时，不能怀疑自己的存在，而且在我们依次推论时，这就是我们所得到的第一种知识。我们既然这样地排斥了稍可怀疑的一切事物，甚至想象它们是虚妄的，那么我们的确很容易假设，既没有上帝，也没有苍天，也没有物体；也很容易假设我们自己甚至没有手没有脚，最后竟没有身体。不过我们在怀疑这些事物的真实性时，我们却不能同样假设我们是不存在的。因为要想象一种有思想的东西是不存在的，那是一种矛盾。因此我思故我在的这种知识，乃是一个有条理进行推理的人所体会到的首先的、最确定的知识。"（笛卡尔，《哲学原理》，关文运译，商务印书馆，1959，第2—3页。）

此处尼采间接批判了笛卡尔，指出生活要高于思想。尼采坚定拥护"我生，故我思"，拥护生命原则，而将"我思，故我在"贬为一种贫瘠的理性主义。对于笛卡尔这句名言的不满，接下来表现在他的设问："究竟该让生活凌驾于认知之上、科学之上，抑或让认知凌驾于生活之上？"他回答："毋庸置疑：生活才是更高级的、具有支配性的力量，因为认知一旦消灭了生活，就一并消灭了自身。"尼采的这一基本立场和叔本华的意志形而上学的核心前提相通。叔本华的意志形而上学的主导思想就是人的思维本质上依赖于意志："所以认识，从根本来看，不管是理性的认识也好，或只是直观的认识也好，本来都是从意志产生的。……认识本来是命定为意志服务的，是为了达成意志的目的的"，只有在某些个别的人身上，"认识躲避了这种劳役，打开了自己的枷锁；自由于欲求的一切目的之外，……仅仅作为这世界的一面镜子而存在。艺术就是从这里产生的。"（叔本华，《作为意志和表象的世界》，2018，第218—219页。）在此基础上，尼采不赞成笛卡尔认识论的基本原则"我思，故我在"，并创造了一个结构相似的句子"我生，故我思"加以反对。在他看来，在理性主义的支配下，人堕落为"没有生气却又极其活跃的概念—词语生产

是丰盈而翠绿的"生活";[9] 我原初的感觉只能保证我是一个思考着的存在,却不是一个生活着的存在,仅能保证我不是动物(animal),但充其量只是一个能思之物(cogital)。[10] 请先给我生命,我才会为你们从生命中造出一种文化!——第一世代的每一个人都这样呐喊,而所有这些个体都将会通过这种呐喊而彼此相认。不过,谁来给予他们这一生命?

给予生命的,既不是上帝,也不是人,只是他们自己的青年:解开青年的枷锁,你们也就一并解放了生命。因为生命只是居于隐匿状态,身处囹圄,却并不曾凋零和死亡。——请你们扪心自问!

然而,这个摆脱了枷锁的生命,它还患着病,必须得到治愈。生命罹患多种沉疴在身,不单单苦于回忆起曾经的枷

者",甚至是"徒具人形的集合体"。(见本章前后文)尼采选择笛卡尔作为批判的靶子,因为笛卡尔是近代早期理性主义的始祖,并以二元论思想将人界定为 res cogitans,即能思之物。后来在《朝霞》《善恶的彼岸》《偶像的黄昏》等作品中,尼采对于笛卡尔哲学的主体"我"及"我思"皆有不同程度的批判。(Neymeyr, 2020: 567-572)

[9] 尼采合并引用了歌德《浮士德》第一部中的两处文字。在第四场"书斋"中,梅菲斯特和学生的对话结束时,梅菲斯特说:"理论全是灰色,敬爱的朋友,生命的金树才是长青。"在"舞台序幕"中,丑角宣称:"我们也搞个这样的剧本!只要先去体验丰富的人生!"(歌德,《歌德文集:浮士德》,1999,第 106、11 页。)(Neymeyr, 2020: 572-573)

[10] 此处尼采巧用了拉丁文"animal"(动物)一词的含义及词源:animal 的词源是 anima,意为灵魂、生命,故而 animal 也意为有生命之物。他又从拉丁文"cogitare"(思考)这一动词造出新词"cogital"(能思之物),突出戏谑的意义。(Neymeyr, 2020: 573)

锁——它还苦于历史学的疾病，这是同我们最为相关的。过度的历史学，侵害了生命的塑造力；它不再懂得利用过去来为自身提供强大的滋养。这种毒害是可怕的，但即便如此！若是青年不具备自然赋予的洞察之眼，那么，无人看得出，这是一种毒害，而健康的伊甸园已经失落。但是，同样是这些青年，凭借同一自然赋予的治愈本能，能够隐约感觉出如何重新找回这个伊甸园；他们知道对治历史学疾病、历史学过度的药水和药膏：这些药叫什么名字？

用不着惊讶，那都是一些毒药的名字：历史学的解毒剂，其名为——非历史的和超历史的。带着这些名字，我们又回到了我们这一番思考的起点，也抵达思考的终点。"非历史的"一词，我用来形容能够遗忘、将自己封闭在有限视域中的技艺和力量；"超历史的"一词，我用来称呼这样一种强力，它把目光从"生成"移开，转向赋予人的生存以永恒一类特性的事物，即艺术和宗教。[11] 至于科学——毒药这一贬称就是来自科学——它将上述力量、强力看成同它敌对的力量和强力；因为在科学看来，对事物的观察只有一种真实的、正确的，

---

[11] 布克哈特在《世界历史沉思录》中也强调艺术和宗教的"永恒"特性，他认为，"宗教实际上是人们在内心里对形而上学需求的表现形式，从本质上说，人的这种需求是永恒的和不可摧毁的"。至于艺术，它"从世界、时间和自然中收集所有普遍有效和人人能够看懂的画面，这些画面……相当于第二次，而且是理想化的创世，它们已经摆脱了时间性，它们虽然属于尘世，但却是永恒的"。（布克哈特，《世界历史沉思录》，2007，第34、55页。）——译者注

因而是科学的方式，那就是触目所见皆是已然的、历史的事物，从来看不到存在着的、永恒的事物；科学生活在一种内在的矛盾之中，它敌视艺术和宗教的永恒化强力，丝毫不亚于它痛恨遗忘、痛恨知识之死，它企图清除一切视域的限制，把人类抛入那已被认识的"生成"的无尽、无限的瀚海银波当中。

但愿人类能在其中生活！好比经历了一次地震，各大城市都坍塌和被遗弃，人类只能惶惶不可终日地在火山形成的地面上修建居所，相似地，当科学引发的概念地震夺走了人类一切安定和平静的根基、人类对持续和永恒的信仰，那么，生活自身也就崩溃了，变得虚弱和萎靡。[12] 那么，究竟该让生活凌驾于认知之上、科学之上，抑或让认知凌驾于生活之上？这二方势力，哪一种更高级、更具决定性？毋庸置疑，生活才是更高级的、具有支配性的力量，因为认知一旦消灭了生活，就一并消灭了自身。认知以生活为前提，因而，认知要致力于维系生活，就像每一生物要致力于维系自身存在一样，别无二致。所以，科学需要有一种更高级的监督和管控；生活的卫生学紧挨着科学并驾齐驱，这种卫生学的一个命题就是：

---

[12] "概念地震"（Begriffsbeben）是尼采以地震意象新造出来的词。此处尼采把地震的突发效应及其破坏性后果当成一个"比较中项"，地震在现实世界中造成的破坏，被用来类比科学造成的"概念地震"的严重后果。但是，到了20世纪，尼采的"概念地震"被科学哲学家如巴什拉（Gaston Bachelard）借用来描述科学的基本概念体系在演化中表现出断裂性、非连续性，类似于库恩（Thomas Samuel Kuhn）在《科学革命的结构》中提出的"范式转换"。（Neymeyr, 2020: 573-575）

非历史的和超历史的事物，是防止历史学导致生活不堪重负，防止历史学疾病的天然解毒剂。这些解毒剂多半会给我们这些历史学的病患造成苦楚。但是，苦则苦矣，我们选择的疗法仍然是正确的。[13]

由此，我看出了那一代青年，也就是第一代斗士和屠龙者的使命，他们开启了通向更幸福、更美好的教育和人性的征途，而对未来的幸福、往昔的美好，他们只具有一种充满希望的预感。这些青年会同时遭受毒素和解毒剂造成的痛苦，尽管如此，他们相信，比起他们的前代人——当今时代有教养的"壮年人"和"老年人"，他们更有资格夸耀自己更强健狂妄的体魄，尤其是更自然的天性。不过，他们的使命是撼动当下流行的"健康"和"教育"的概念，是激发对这头杂交的概念怪兽的轻蔑和憎恶；反过来，保证青年自身愈加强健的标志正应该是：这些青年，他们自己能够不使用出自现今流通中的词语–概念铸币（Wort-und Begriffsmünzen）的任何概念、任何党派术语来表达自身的本质，而只是时刻确信一种在他们身上活跃的斗争、洗涤、分解的强力，一种不断升华的生命感觉。有人也许会否认这些青年受过教育。——但是，对什么样的青年来说，

---

[13] 在《人性的，太人性的》第 2 卷卷首带有自传色彩的序中，尼采回顾了《历史对于人生的利弊》，显示"历史学疾病"及自我治愈过程，在很大程度上也是尼采的"夫子自道"："……我反对'历史病'时所说过的话，这是我作为一个缓慢而艰难地学着从这种病中痊愈过来，完全不准备因为曾经深受其苦就要在今后放弃'历史'的人而说出来的。"（尼采，《尼采全集》第 2 卷，2011，第 248 页。）（Neymeyr, 2020: 575）

这称得上是一种指责呢？人们不妨在背后非议他们粗鲁、放纵——可他们还没有足够老迈、足够智慧到安分守常的地步；关键是，他们用不着假装受过完全的教育并为之辩护，他们享受着青年的一切慰藉和特权，尤其有资格表现出不带计较的、勇敢的真诚，并从鼓舞人心的希望那里获得慰藉。

关于这些充满希望的人，我了解到，他们会从切近的事物出发来理解一切普遍性事物，用他们最体己的经验将之转化为一种适合个人的教益；其他人在这里可能暂时只看见一些被盖住的碗，觉得碗中可能空空如也；直到有一天他们惊讶地亲眼目睹，这些碗是装满的，攻击、索取、生命冲动、激情，都被装入这些普遍性当中，压缩到一起，但它们没法长久地被如此地掩盖起来。我将这些怀疑者交付给时间，时间会揭露一切，最后，我还要转向那个充满希望的团体，向他们描述，他们接受治疗的程序和经过是怎样的，他们如何从历史学疾病中得到拯救，并且通过一个古今类比来讲述他们自己的历史，一直到这样一个时刻，在那一刻，他们将康强如初，足以重新拾起历史研究，让生活支配过去，在纪念式、好古式或批判式这三种意义上，利用过去为自身服务。在那一刻，他们会比当代"有教养的人"更加缺乏知识；因为他们将荒废许多学过的知识，甚至对有教养的人最渴望知道的事物意兴阑珊，不屑一顾；在有教养的人看来，他们的明显标志乃是他们"缺乏教养"，对许多著名事物，甚至对一些善好的事物表示冷漠和拒绝。不过，在他们治疗结束的那一刻，他们又恢复成了人，不再是徒具人形的集合体。——这就是一个成就！这依然是希望！你们这些充满希望的人们，这岂不会让你们会心大笑？[14]

那么，如何才能达到这一目的？你们会问。早在你们朝着这一目的启程跋涉之初，德尔斐的神灵就向你们喊出了"认识你自己"的神谕。这一则神谕很难解，因为正如赫拉克利特所言，这位神灵"既不隐瞒，也不直言，只是指示"。[15] 神灵指示你们前往何方？

---

[14] 在《历史对于人生的利弊》的写作准备阶段，尼采在 1873 年的笔记中写下了一句话作为结尾："结尾。存在一个充满希望的团体。"这一说法也有点"夫子自道"的意味，因为尼采在 1873 年 12 月 26 日致友人格斯多夫的信中，明确把自己的友人群体称为"充满希望的团体"。批判当下而怀抱希望、自觉地面向未来，这些心态在青年尼采的生活世界中十分关键。从本书中尼采对青年的呼吁就能明显看出，这一思想在其早期著作中尤其突出，包括更早的《悲剧的诞生》。在这部作品第 24 节末尾，尼采已经在呼吁友人们："你们明白我的话——最后你们也将理解我的希望。"（尼采，《尼采著作全集》第 1 卷，2023，第 180 页。）就此而言，尼采友人、神学家奥弗贝克（Franz Overbeck）的"未来神学"，还有瓦格纳的"未来艺术""未来音乐"对尼采应该都有一定影响。（Neymeyr, 2020: 575-577）

[15] 德尔斐神庙中刻有"认识你自己"（γνῶθι σαυτόν）的格言，据说出自古希腊"七贤"之一。尼采对这句格言的理解，参见他在 1873 年在《历史对于人生的利弊》写作准备阶段的一则笔记："把握住自己，整理混沌，摒除对'教育'的一切畏惧，要真诚：要求人'认识你自己'，不在于冥思苦想，而在于真切了解我们自己的真正需求。由此勇敢舍弃那异己之物，从自我中成长，而非拘泥于外在。"此处尼采引用了古希腊哲学家赫拉克利特的著作残篇第 93，原文为："德尔斐神谕的主管，既不直言，也不隐瞒，而是出示象征。"（赫拉克利特，《赫拉克利特著作残篇》，T.M. 罗宾森英译，楚荷中译，广西师范大学出版社，2007，第 104 页。）（Neymeyr, 2020: 578-579）

曾有数百年之久，古希腊人的处境和我们几乎一样危险，即由于被外来的、过去的事物淹没，由于"历史学"而有灭亡之虞。他们从未生活在一种高傲得不可侵犯的状态中；很长时间内，希腊人的"教育"主要是各种源于异邦、闪米特、巴比伦、吕底亚—埃及的形象和观念合成的一片混沌，他们的宗教堪称整个东方的诸神之战。相似的，现今"德国教育"和宗教也是全部的外国、整个的过去彼此争战不休的一片混沌。尽管如此，多亏有这一阿波罗的神谕，希腊文明并未成为一个集合体。希腊人通过遵照德尔斐的教导反思自己，即反思他们的真实需求，让虚幻的需求消亡，从而慢慢学会了整理混沌。[16]于是，他们重新支配了自我；他们不再甘心仅仅从整个东方继承庞大的财富并亦步亦趋；通过和自身进行一番艰辛斗争，通过对德尔斐神谕进行务实的阐释，希腊人甚至无比幸福地增益和丰富了继承来的财富，从而成为一切后来的文化民族的头生子和模范。[17]

---

[16] 尼采在《悲剧的诞生》中对德尔斐神庙"认识你自己"格言的解释，有助于我们认识他为何以古希腊为榜样来寻求医治历史学过度之弊的良方。尼采认为，"认识你自己"就等于"切莫过度"："阿波罗，作为一个道德神祇，要求信徒适度和自知——为了能够遵守适度之道，就要求有自知之明。"古希腊人正是遵循了"适度""自知"的要求，才能够成功地在阿波罗元素与狄奥尼索斯元素、梦与醉、追求混沌统一与追求形式静观这两种强力的生命冲动之间求得一个平衡，一种"和解"，而这恰恰是多亏了德尔斐之神。此处尼采说古希腊人学会"整理混沌"也是此意。（参见：尼采，《尼采著作全集》第 1 卷，2023，第 28—29、38—39 页。）——译者注

[17] 这段话可视为尼采对"认识你自己"格言的注解，以及他对"神灵指示

这一古今类比，适用于我们之中每一个人：这个人必须通过反思自己的真正需求，来整理内在的混沌。终有一日，他的真诚，他的干练、实诚的性格，必须起而反抗那总是鹦鹉学舌、亦步亦趋和东施效颦的倾向；然后，他开始认识到，文化也可以是另一种事物，不等于生活的装饰物，后者本质上总是矫饰和遮掩；而装饰物无不掩盖了被装饰物。因此，希腊人对于文化的理解——与拉丁民族相反——向他展露的是这样一种文化，这是一个新的、改善过的自然（Physis），[18] 不

你们前往何方"这一问题的回答。尼采提到了赫拉克利特说德尔斐的神灵"既不隐瞒，也不直言，只是指示"，随后他自己承担起了阐释神谕的任务，从他提问"神灵指示你们前往何方"可见他是自觉地向同时代人发言的。尼采也对当代的德国"文化"进行了批判式诊断，认为这种文化沦落为了外国文化影响下的晚期混杂物。作为对症之药，尼采建议将目光转向古代，这就回到了他在序言中提到的古典语文学的意义问题，即古典语文学要"不合时宜地产生影响——也就是忤逆这个时代，从而影响这个时代，并且希望有利于将来的时代"。尼采将古希腊人作为现代的榜样，因为他们有能力危害自身认同的过度的文化影响。"从整个东方继承庞大的财富"的古希腊人最终学会了"整理混沌"，因而"甚至无比幸福地增益和丰富了继承来的财富，从而成为一切后来的文化民族的头生子和模范"。(Neymeyr, 2020: 579-581)

[18] 古希腊人尚无尼采所谓的"文化"（Kultur）的"概念"，但有一种关于"教育"（Bildung）的概念，不过，它和德国 18 世纪下半叶以来形成的概念并不相同。尼采此处说的"拉丁民族"对"文化"的理解，其实是指法国的"文明"概念。当时，将（德国式的）"文化"和（法国式的）"文明"对立起来，包括将内在性和外在性对立起来，长久以来便是反法主义的刻板模式。瓦格纳就标举德国人的内在性，对拉丁民族不屑一顾，尤其体现在 1870—1871 年普法战争期间他为贝多芬百年诞辰撰写的纪念文章《贝多芬》中。在巴塞尔举行的《论我们教育机构的未来》第二次公开演讲中，尼采也强调德意志精神和希腊精神的相似性（这一观点早见

分内在和外在，没有矫饰和仪俗，是生活、思想、表象、意志之间的一致。于是，他从自己的经验中认识到，希腊人能够胜过其他一切文化，靠的是道德天性（sittliche Natur）的更高力量，而每一次真诚性（Wahrhaftigkeit）的提升，必定是为促进真正的教育做准备：即使这种真诚性有时会严重损害当前备受尊重的教养，即使它甚至可能推动一个完全装饰性的文化加速没落。[19]

（完）

于 18 世纪下半叶）："要找到真正连接德意志精神最内在的本质与希腊天才之间的纽带，是个十分神秘和困难的任务。"（尼采，《尼采著作全集》第 1 卷，2023，第 769 页。）(Neymeyr, 2020: 581-582)

[19] 在《历史对于人生的利弊》的校样中，尼采在结尾处删去了接下来的一段话："我们将会怎么样呢？历史学家将对我这一番考察的结尾不满地表示反对，历史学这门科学，这以严格冷静、讲究方法著称的科学，将往何处去？——进尼姑庵去吧，奥菲莉亚，哈姆雷特这么说；但是，我们打算把这门科学和历史学者放逐到哪个尼姑庵去呢？这个谜题却要留给读者自己去解开，若是他迫不及待，不想跟在作者后面亦步亦趋，等不及去阅读此处预告的题为'论学者和对现代社会中学者的草率分类'的下一篇考察。"尼采此处提到的是他原计划撰写的 13 篇《不合时宜的考察》的第四篇，本篇预计从多方面展开文化批判。1873 年秋至 1874 年冬这段时间，尼采构思了一组临时的著作标题："《不合时宜的考察》草稿。1. 有教养的庸人。2. 历史。3. 哲学。4. 学者。5. 艺术。6. 教师。7. 宗教。8. 国家、战争、民族。9. 出版。10. 自然科学。11. 民众社会。12. 交通。13. 语言。"按照这一临时构思（即 3. 哲学，4. 学者，尼采对第三篇和第四篇考察的想法最终汇总进了第三篇《作为教育者的叔本华》，尼采在本篇中对学者进行了鲜明的讽刺，尤其显示了这一点。(Neymeyr, 2020: 583-584)

附录 进一步阅读书目

Anglet, Kurt: *Zur Phantasmagorie der Tradition. Nietzsches Philosophie zwischen Historismus und Beschwörung. Eine Studie auf der Grundlage der zweiten und dritten Unzeitgemäßen Betrachtung*, Würzburg 1989.

Benjamin, Walter: Über den Begriff der Geschichte, in: *Gesammelte Schriften*, Bd. I, 2. Hg. von Rolf Tiedemann und Hermann Schweppenhäuser, Frankfurt a. M. 1974, S. 691-704.

Berger, Klaus: Wahrheit und Geschichte, in: Borchmeyer, Dieter (Hg.): „*Vom Nutzen und Nachteil der Historie für das Leben". Nietzsche und die Erinnerung in der Moderne*, Frankfurt a. M. 1996, S. 89-107.

Bertino, Andrea Christian: Vom Nutzen und Nachteil der Feststellung des unfestgestellten Tieres durch die Kultur. Nietzsche zwischen Herder und Gehlen, in: Sommer, Andreas Urs (Hg.): *Nietzsche – Philosoph der Kultur(en)?* Berlin/New York 2008, S. 113-121.

Bishop, Paul (Hg.): *Nietzsche and Antiquity. His Reaction and Response to the Classical Tradition*, Rochester, NY 2004.

Borchmeyer, Dieter: Nietzsches zweite „Unzeitgemäße Betrachtung " und die Ästhetik der Postmoderne, in: Borchmeyer, Dieter (Hg.): „Vom Nutzen und Nachteil der Historie für das Leben". *Nietzsche und die Erinnerung in der Moderne*, Frankfurt a. M. 1996, S. 196-217.

Bourquin, Christophe: Die Rhetorik der antiken Mnemotechnik als Leitfaden von Nietzsches Zweiter Unzeitgemässer Betrachtung, in: *Nietzsche-Studien* 38 (2009), S. 93-110.

Brobjer, Thomas H.: Nietzsche's Relation to Historical Methods and Nineteenth-Century German Historiography, *History and Theory* (2007), 46(2), 155-179.

Brose, Karl: *Geschichtsphilosophische Strukturen im Werk Nietzsches*, Bern/Frankfurt a. M.1973.

Brusotti, Marco: Heidegger su storia monumentale e ripetizione. La Seconda Considerazione Inattuale di Nietzsche in Essere e tempo, in: Gentili, Carlo / Stegmaier, Werner / Venturelli, Aldo (Hg.): *Metafisica e nichilismo. Löwith e Heidegger interpreti di Nietzsche*, Bologna 2006, S. 125-147.

Brusotti, Marco: „Vergangenes und Fremdes". Zum Umgang mit Fremdkulturellem in Nietzsches zweiter Unzeitgemässer Betrachtung, in: *Nietzscheforschung* 15 (2008), S. 41-48.

Bruun, Lars K.: Vergessen als der größte Affekt? Affekt, Vergessen und Gerechtigkeit in Vom Nutzen und Nachteil der Historie für das Leben, in: *Nietzscheforschung* 15 (2008), S. 213-220.

Csejtei, Dezsö / Juhász, Anikó: Nietzsches geschichtsphilosophische Perspektive nach dem,, Ende der Geschichte", in: *Nietzscheforschung* 15 (2008), S. 49-58.

Dilthey, Wilhelm: Einleitung in die Geisteswissenschaften. Versuch einer Grundlegung für das Studium der Gesellschaft und der Geschichte, in: *Gesammelte Schriften*, Bd. 1, 6. Auflage Stuttgart 1966.

Elm, Ralf: Der Wille zur Macht und die Macht der Geschichte bei Nietzsche und Heidegger, in: *Nietzscheforschung* 3 (1995), S. 247-258.

Emden, Christian J.: *Friedrich Nietzsche and the Politics of History*, New York, 2008.

Figal, Günter: Heidegger und Nietzsche über Geschichte. Zu einer unausgetragenen Kontroverse, in: *Études germaniques* 55 (2000/02), S. 269-277.

Figal, Günter: Nachwort, in: *Friedrich Nietzsche: Vom Nutzen und Nachtheil der Historie für das Leben.* Mit Anmerkungen und Nachwort hg. von Günter Figal, Stuttgart 2009, S. 131-149.

Fleischer, Margot: Die Zeitlichkeit des Menschen. Nietzsches Analyse in seiner zweiten Unzeitgemäßen Betrachtung, in: Beierwaltes, Werner / Schrader, Wiebke (Hg.): *Weltaspekte der Philosophie.* Rudolf Berlinger zum 26. Oktober 1972, Amsterdam 1972, S. 67-81.

Foucault, Michel: Nietzsche, la généalogie, l'histoire, in: *Dits et écrits, 1954–1988,* Bd. 2, 1970–1988, Paris 1994, S. 136–156. （米歇尔·福柯，《尼采、谱系学、历史》，王简译，出自：杜小真编，《福柯集》，上海远东出版社，1998，第 146—165 页。）

Geisenhanslüke, Achim: Der Mensch als Eintagswesen. Nietzsches kritische Anthropologie in der zweiten Unzeitgemässen Betrachtung, in: *Nietzsche-Studien* 28 (1999), S. 125-140.

Gentili, Carlo: *Nietzsches Kulturkritik zwischen Philologie und Philosophie.* Aus dem Italienischen von Leonie Schröder, Basel 2010.

Gerhardt, Volker: Leben und Geschichte. Menschliches Handeln und historischer Sinn in Nietzsches zweiter Unzeitgemäßer Betrachtung, in: *Pathos und Distanz. Studien zur Philosophie Friedrich Nietzsches*, Stuttgart 1988, S. 133-162.

Grätz, Katharina: Nietzsches Geschichtsdenken. Vom Nutzen und Nachteil der Historie für das Leben, in: Neymeyr, Barbara / Sommer, Andreas Urs (Hg.): *Nietzsche als Philosoph der Moderne*, Heidelberg 2012, S. 175-191.

Greiert, Andreas: Interpretation, Macht, Geschichte. Nietzsche für Historiker, in: *Nietzscheforschung* 15 (2008), S. 79-94.

Harth, Dietrich: Kritik der Geschichte im Namen des Lebens. Zur Aktualität von Herders und Nietzsches geschichtstheoretischen Schriften, in: *Archiv für Kulturgeschichte* 68 (1986), S. 407-456.

Heidegger, Martin: *Nietzsche* [1936/61]. 2 Bände, 5. Auflage Pfullingen 1989. [马丁·海德格尔，《尼采》（上下卷），孙周兴译，商务印书馆，2010。]

Heidegger, Martin: *Gesamtausgabe. II. Abteilung: Vorlesungen 1919–1944. Bd. 46: Zur Auslegung von Nietzsches II. Unzeitgemässer*

Betrachtung „ Vom Nutzen und Nachteil der Historie für das Leben“. Freiburger Seminar Wintersemester 1938/39. Hg. von Hans Joachim Friedrich, Frankfurt a. M. 2003.

Hillebrand, Karl: Über historisches Wissen und historischen Sinn, in: *Neue Freie Presse*, Wien, 7./9. Juli 1874. Auch in: *Zeiten, Völker und Menschen, Bd. 2: Wälsches und Deutsches*, Berlin 1875, 2. Auflage Berlin 1892, S. 300–326 (NPB 297). [Wiederabdruck in: Reich, Hauke: *Rezensionen und Reaktionen zu Nietzsches Werken 1872–1889*, Berlin/ Boston 2013, S. 460-473.]

Hödl, Hans Gerald: Vom Zweck der Geschichtsschreibung: Religionsgeschichte als kritische Historie bei Nietzsche. Eine Skizze, in: *Nietzscheforschung* 15 (2008), S. 59-65.

Höffe, Otfried (Hg.): *Friedrich Nietzsche, Zur Genealogie der Moral* (Klassiker auslegen, Bd. 29), Berlin 2004.

Hoffmann, Franz: Unzeitgemässe Betrachtungen von Friedrich Nietzsche, in: Psychische Studien. Monatliche Zeitschrift [...] 1 (1874), Nr. 12, S. 563-569. [Wiederabdruck in: Reich, Hauke: *Rezensionen und Reaktionen zu Nietzsches Werken 1872–1889*, Berlin/ Boston 2013, S. 522-527.]

Hübner, Kurt: Vom theoretischen Nachteil und praktischen Nutzen der Historie. Unzeitgemäßes über Nietzsches unzeitgemäße Betrachtungen, in: Borchmeyer, Dieter (Hg.): „Vom Nutzen und Nachteil der Historie für das Leben". Nietzsche und die Erinnerung in der Moderne, Frankfurt a. M. 1996, S. 28-47.

Hütig, Andreas: Selbstaufklärung in Geschichte. Kultur der Vernunft und historischer Sinn bei Kant und Nietzsche, in: Nietzscheforschung, Sonderband 2: Nietzsche—Radikalaufklärer oder radikaler Gegenaufklärer? Hg. von Renate Reschke, Berlin 2004, S. 269-277.

Jaspers, Karl: Vom Ursprung und Ziel der Geschichte, München 1949, 3. Auflage 1952.（卡尔·雅斯贝尔斯，《论历史的起源与目标》，李雪涛译，华东师范大学出版社，2018。）

Jensen, Anthony K.: Nietzsche's Philosophy of History, New York, 2013.

Jensen, Anthony K.: An Interpretation of Nietzsche's On the Uses and Disadvantage of History for Life, New York, 2016.

Kittsteiner, Heinz-Dieter: Erinnern – Vergessen – Orientieren.

Nietzsches Begriff des „umhüllenden Wahns " als geschichtsphilosophische Kategorie, in: Borchmeyer, Dieter (Hg.): „ *Vom Nutzen und Nachteil der Historie für das Leben*". *Nietzsche und die Erinnerung in der Moderne*, Frankfurt a. M. 1996, S. 48-75.

Koselleck, Reinhart / Lutz, Heinrich / Rüsen, Jörn (Hg.): *Formen der Geschichtsschreibung*, München 1982.

Lanfranconi, Aldo: *Nietzsches historische Philosophie*, Stuttgart-Bad Cannstatt 2000.

Lemm, Vanessa: Animality, Creativity and Historicity: A Reading of Friedrich Nietzsche's *Vom Nutzen und Nachtheil der Historie für das Leben*, in: *Nietzsche-Studien* 36 (2007), S. 169-200.

Le Rider, Jacques: Erinnern, Vergessen und Vergangenheitsbewältigung. Zur Aktualität der „Zweiten Unzeitgemäßen Betrachtung", in: *Nietzscheforschung*, Sonderband 1: Zeitenwende – Wertewende. Hg. von Renate Reschke, Berlin 2001, S. 97-109.

Lessing, Theodor: *Geschichte als Sinngebung des Sinnlosen. Oder die Geburt der Geschichte aus dem Mythos*, München 1919, 4. Auflage Leipzig 1927.

Lipperheide, Christian: *Nietzsches Geschichtsstrategien. Die rhetorische Neuorganisation der Geschichte,* Würzburg 1999.

Lübbe, Hermann: Geschichtsinteresse. Über die wachsende Aufdringlichkeit der Vergangenheit in der modernen Kultur, in: Borchmeyer, Dieter (Hg.): „*Vom Nutzen und Nachteil der Historie für das Leben* ". *Nietzsche und die Erinnerung in der Moderne,* Frankfurt a. M. 1996, S. 15-27.

Margreiter, Reinhard: Der innere Zusammenhang von Geschichts- und Sprachphilosophie in den Frühschriften Nietzsches, in: *Synthesis philosophica* 11 (1996), S. 5-18.

Meinecke, Friedrich: *Die Entstehung des Historismus.* 2 Bände, München/Berlin 1936. (弗里德里希·梅尼克，《历史主义的兴起》, 陆月宏译，译林出版社，2010。)

Meyer, Katrin: *Ästhetik der Historie. Friedrich Nietzsches „Vom Nutzen und Nachteil der Historie für das Leben",* Würzburg 1998.

Salaquarda, Jörg: Studien zur zweiten Unzeitgemässen Betrachtung, in: *Nietzsche-Studien* 13(1984), S. 1-45.

Schärf, Christian: Das Gesetz der Philosophie. Nietzsches „Geschichte" und wir, in: Nietzscheforschung 15 (2008), S. 67-77.

Schluchter, Wolfgang: Zeitgemäße Unzeitgemäße. Von Friedrich Nietzsche über Georg Simmel zu Max Weber, in: Borchmeyer, Dieter (Hg.): „Vom Nutzen und Nachteil der Historie für das Leben". Nietzsche und die Erinnerung in der Moderne, Frankfurt a. M. 1996, S. 146-166.

Schnädelbach, Herbert: Geschichtsphilosophie nach Hegel. Die Probleme des Historismus, Freiburg/München 1974. (赫伯特·施奈德尔巴赫，《黑格尔之后的历史哲学：历史主义问题》，励洁丹译，浙江大学出版社，2014。)

Schröter, Hartmut: Historische Theorie und geschichtliches Handeln. Zur Wissenschaftskritik Nietzsches, Mittenwald 1982.

Stegmaier, Werner: Nietzsches „Genealogie der Moral". Werkinterpretation, Darmstadt 1994.

Thiel, Jens: Monumentalisch – antiquarisch – kritisch? Archiv und Edition als Institutionen der Distanzierung: Der Fall des Nietzsche-Herausgebers Karl Schlechta, in: Reschke, Renate / Brusotti, Marco

(Hg.): „*Einige werden posthum geboren*". *Friedrich Nietzsches Wirkungen*, Berlin/Boston 2012, S. 477-487.

Troeltsch, Ernst: *Der Historismus und seine Überwindung. Fünf Vorträge*. Eingeleitet von Friedrich von Hügel/Kensington, Berlin 1924.

Venturelli, Aldo: *Kunst, Wissenschaft und Geschichte bei Nietzsche. Quellenkritische Untersuchungen*. Übersetzt aus dem Italienischen von Leonie Schröder, Berlin/New York 2003.

Wülfing, Wulf: Wider die „Wächter des großen geschichtlichen Welt-Harem ". Zu Nietzsches ‚vormärzlicher' Kritik am Umgang mit der ‚Historie', in: Bunyan, Anita / Koopmann, Helmut (Hg.): *Kulturkritik, Erinnerungskunst und Utopie nach 1848. Deutsche Literatur und Kultur vom Nachmärz bis zur Gründerzeit in europäischer Perspektive*. Bd. II, Bielefeld 2003, S. 57-82.

Žmegač, Viktor: Klassizismus und Geschichtsphilosophie. Nietzsches typologischer Fundamentalismus, in: Borchmeyer, Dieter (Hg.): „*Vom Nutzen und Nachteil der Historie für das Leben*". *Nietzsche und die Erinnerung in der Moderne*, Frankfurt a. M. 1996, S. 167-183.